现代编辑出版工作管见与思考

张金 著

经济日报出版社
北 京

图书在版编目（CIP）数据
现代编辑出版工作管见与思考 / 张金著. -- 北京 : 经济日报出版社, 2025.8 -- ISBN 978-7-5196-1235-1
Ⅰ. G232
中国国家版本馆CIP数据核字第2025PV8848号

现代编辑出版工作管见与思考
XIANDAI BIANJI CHUBAN GONGZUO GUANJIAN YU SIKAO
张金　著

出版发行：经济日报出版社
地　　址：北京市西城区白纸坊东街 2 号院 6 号楼
邮　　编：100054
经　　销：全国各地新华书店
印　　刷：三河市国英印务有限公司
开　　本：710mm×1000mm　1/16
印　　张：16
字　　数：250 千字
版　　次：2025 年 8 月第 1 版
印　　次：2025 年 8 月第 1 次
定　　价：79.00 元

本社网址：www. edpbook. com. cn，微信公众号：经济日报出版社
请选用正版图书，采购、销售盗版图书属违法行为

举报信箱：zhangjie@tiantailaw. com　　举报电话：（010）63567684
本书如有印装质量问题，由我社事业发展中心负责调换，联系电话：（010）63538621

作者简介

张金，编审，中国科普作家协会会员，微软认证系统工程师（MCSE），曾任中国音像与数字出版协会理事、专业出版委员会副主任委员兼副秘书长，北京市科普作协理事，中国科教影视协会理事，中国科技新闻学会理事。历任北京科学技术出版社综合编辑室编辑、市场信息部主任、贝壳阅读网负责人、总编助理、副总编辑，中信出版社大众图书市场部编辑、质量管理部编辑，总编办公室职员，科学普及出版社项目办公室主任、社长助理、副总编辑、中国科学技术出版社有限公司网络出版部主任、社长助理、副总编辑、董事。

张金参与策划编辑的图书《“十一五”规划战略研究（上、下）》获2006年第一届中华优秀出版物奖、2007年第一届中国出版政府奖（正式奖），图书《从农田到餐桌：食品安全的真相与误区》获2013年科技部全国优秀科普作品奖；编辑审稿的图书《创新的启示——关于百年科技创新的若干思考》2015年获得第五届中华优秀出版物奖、科技部2015年全国优秀科普作品奖，图书《呦呦有蒿：屠呦呦与青蒿素》获2016年第四届中国科普作家协会优秀科普作品奖（金奖）等。策划创建和运营管理的贝壳阅读网于2010—2011年连续两次获得中国出版协会、中国新闻出版研究院颁发的中国新闻出版业“最具发展潜力网站”奖，运营管理的科普出版社官网于2012年获得中国新闻出版业“最具发展潜力网站”奖，策划创建和运营管理的果脯网获得中国新闻出版业“最具创新网站”奖。

张金于2011年被评为全国新闻出版业“优秀CIO”（首席信息官），2014年被评为中国新闻出版互联网“创新人物”。

序

在变革中锚定出版的未来

苏　青

当前，出版业正站在历史的十字路口，当数字技术、多媒体传播正以摧枯拉朽之势重构内容生产与出版生态时，传统编辑出版工作者既面临“纸质图书是否会消亡”的出路焦虑，也迎来了“互联网 + 融媒体 + 出版”的发展机遇。张金先生的《现代编辑出版工作管见与思考》新著，以数十年的出版从业实践经验和深入扎实的理论思考，从破题、破局、破界和破茧 4 个维度，为我们勾勒出了一条在变革中坚守出版初心、锚定出版未来、探索出版发展的新路径。

破题：出版范式的转型之道。今天，中国的移动互联网用户已超过 11 亿人，读者早已不满足于被动接受纸质文本，而是期待更具互动性、个性化与场景化的阅读体验。张金研究生毕业于北京师范大学哲学系，他以哲学家的犀利眼光审视出版业的未来发展愿景，从出版的范式转变破题，指出当前出版业正在从“从事内容生产”向“提供用户服务”转变。因此，每一家出版社都应重新考虑发展定位，知晓“战略决定成败”的道理，制定适应时代进步和科技发展的战略规划。全书第一部分“出版社发展与管理”收录的多为张金的破题之作，他还以自己就职的科学普及出版社开发的科普网游《传奇科侠》为例，说明当出版内容与游戏、教育、社交深度融合时，知识传播就能突破“小众圈子”，真正触达年轻受众的内心。为适应这种出版范式转型，在张金看来，每个编辑都应从“文字加工者”升级为“用户需求分析师”。因为，数字出版不是纸质图书简单的电子版搬家，而是重构知识的呈现逻辑与服务链条。

破局：传统出版的生存辩证法。张金曾在北京科学技术出版社、中信出版社、贝壳阅读网和科学普及出版社等多家不同类型出版单位工作过，积累了丰富的出版经验，面对选题跟风、同质化严重、电商平台压价竞争等困境，他提出了传统出版差异化生存的破局策略，并给出了具体的成功案例。比如，地方科技社如北京科学技术出版社聚焦打造优秀眼科“小而专”学术专著，专业出版社如人民军医出版社深耕于医学资源数据库服务……这些成功案例的破局思路都遵循传统出版的生存辩证法，走出了“数字出版必淘汰纸书”的误区，强调“个性化时代的出版转型”，突出“移动互联重构出版”，重申纸质出版与数字出版等富媒体出版将长期共存的预见。他在第二部分里“漫说纸书出版是夕阳产业”一文中，论证了纸质图书在深度阅读、收藏价值上的不可替代性，强调“图书产品的多元化，是社会发展的大趋势”，专门指出“纸书、电子书、PC、电子阅读器、智能手机、平板电脑等等媒介形式，都可以成为阅读的载体”。在张金看来，正是因为“读者群体不同，需求不同”，因此，“不同的知识类型，就会选择不同的图书载体”。认识到了这一点，出版业就能做到既坚守传统出版的优势，又能不断接纳新事物、新技术、新媒体，真正做到守正固本、开拓创新。

破界：技术赋能下的出版生态重构。张金是最早关注网络时代新技术对传统出版业冲击的编辑之一，他曾兼任中国音像与数字出版协会理事以及该协会专业出版委员会副主任委员兼副秘书长，同时还具有微软认证系统工程师资质，善于研究、吸纳新技术对传统出版的促进作用，本书第四部分“数字出版”和第五部分“媒体融合转型升级”收录的文章都与新技术有关。他认为，技术不是洪水猛兽，而是重构出版生态的工具。在“大数据将重构出版业”这篇文章里，张金为读者描绘了一幅出版业的未来发展图景：手机将成为普及性终端，图书读者将被手机用户取代；无处不在的用户行为可查找、可追溯，由此可实现阅读定制；广告发布效率的提升，会直接转换为阅读消费行为；人工智能采集的社交群组大数据，将促进出版物的内容更具针对性；“编辑——复制——发行渠道”的完成时间变短，将带动出版业转型升级；用户行为大数据让传统发行转型为客户服务，使得跨行业融合趋势日益增强。张金的这些预见，有的已经成为现实，那些还没有完全显现的愿景也提醒我们必须认真正视，以积极主动的姿态迎接出版业未来将推动“知识服务枢纽”这一趋势的到来。

破茧：人才与机制的迭代革命。出版社的发展离不开人才，尤其是具有创新思维和战略眼光的人才。张金就是我在担任科学普及出版社社长兼党委书记时专门引进的人才，他在出版社由事业单位转为经营企业的关键时期发挥了重要作用，尤其是在争取国家财政项目资金促进出版社转型发展方面功绩卓著。在他看来，出版业变革的核心是人的变革，归根结底是人才培养机制和适应创新人才施展才华的出版企业运营体制的变革。书中的许多文章都为他的这一观点提供了佐证。为此，早在11年前，张金就在《中国出版商务周报》上发文“做数字出版，你有人才吗”，探讨了“我们需要什么样的数字人才”，指出“人才匮乏制约数字出版发展”，提出了“培养数字出版人才”的“八大措施”，以及“引进数字出版人才”的“三条秘笈”。他认为，现代编辑出版人才既要懂出版规律，又要掌握数据分析技术，还必须具备互联网运营思维。确实，人才与机制的迭代革命，需要传统编辑出版工作者凤凰涅槃、破茧重生，以获得更多、更新、更强的创造活力。

出版的本质，是知识与思想的传承；无论技术如何进步、迭代，出版的这一本质从未改变，也不可能改变。《现代编辑出版工作管见与思考》一书着眼于“现代”和“思考”，既不盲目追捧“技术万能论”，也不固守“传统优越论”，而是倡导一种理性的世界观、发展观和创新观，强调用互联网思维重构出版业的服务模式，用技术手段拓展出版物的传播边界，用全新的人才观打造出版社的核心竞争力，但前提是必须始终以优质的内容作为根基。它同时提醒我们：出版业的变革并不是要去颠覆传统，而是让出版以更加贴合时代发展的方式弘扬文明的精彩，承载文明的重量，延续文明的发展，拓展文明的影响。

从这个意义上说，《现代编辑出版工作管见与思考》虽然只是张金先生自谦的一些“管见”，但仍然值得图书编辑、出版管理者乃至阅读爱好者认真阅读。有感于斯，谨填《破阵子》词一首，贺张金新著面世，共迎现代出版未来。

数字狂潮涌起，纸书前景萦怀。付梓新篇开路径，管见精思对策裁，初心守不徘。

范式转型求变，破局辩证搭台。技术赋能生态焕，才俊培新活力来，文光映九垓。

是为序。

2025年7月1日于京津新城青静园

苏青，博士，研究员，国务院政府特殊津贴专家，全国新闻出版行业领军人才，曾任北京理工大学出版社社长、科技导报社社长、科学普及出版社暨中国科学技术出版社社长兼党委书记。

自 序

张 金

我从1992年开始从事编辑出版工作，2024年正式退休。虽然前后换过三家出版社，但是，离开校园后，我做过的工作只有这一个——编辑出版。

我做编辑的这三十多年，恰好是中国日新月异的三十年。三十编龄审与读，八千种书印和阅。这三十多年间，我看到了中国改革开放的坚实步伐和满满收获，我看到了出版业形的改变、力的提升、量的增长、质的飞跃。

这三十年，也是出版技术突飞猛进的三十年。我刚参加工作时，还是铅排铅印，后来是激光照排胶版印刷，再后来，则是电子书的横空出世，音视频作品泛在传播，移动阅读势不可挡。发行渠道和营销也发生了革命性的变化，电商平台一枝独秀，短视频种草、网红直播带货迅速崛起，直到最近基于大语言模型的人工智能技术ChatGPT、DeepSeek在出版业被探索应用。

这三十年，更是出版业改革发展的三十年。从事业单位，到自收自支，再到转为全民所有制企业，最后是建立现代企业制度，出版社从公司化、集团化、股份化直到IPO上市，不断做强、做大、做优。

是这迅猛发展的时代，给了我施展微不足道的才华的机会。让我从图书编辑出版转型为网络新媒体出版，从普通员工成长为中层干部至社级领导，从业务人员进入管理层。

回顾这些年，我感到欣慰的不是自己审阅了多少部书稿、申报了多少个项目、搭建了多少个平台、撰写了多少份材料、获奖了多少本图书，而是看到出版社事业平台的优化聚力、专业人才的茁壮成长、职工才智的施展发挥。仅仅在我带的十几个徒弟中，就有多人成为党员、支部委员，获得高级职称，成为部门主任、分社副社长、子公司副总经理。

此时此刻，我要深深感谢组织的信任、领导的栽培、同事的支持与下属的配合。他们是本书文章的思路之源和内容之本。

我很荣幸能在出版团队中工作，这段经历将成为我一生中最宝贵的财富。我会永远珍视在工作中所得到的快乐和满足感，以及与同事们建立的深厚友谊。本书不少文章的内容，也是受到了领导和同事的启发，结合工作思考，经自身学习撰写并整理成文。

这里我还要特别感谢出版业报纸与期刊媒体朋友们的鞭策、督促和指导，书中的许多文章均是他们的约稿之作。

本书精选了在出版业媒体发表的部分文章，是个人编辑出版工作体会总结，也可供读者阅读参考。

感谢妻子菡月在背后发自内心的关爱，默默无闻的支持，长年累月的劳作，为我的工作和生活，包括撰写和出版此书提供了动力和保障。

感谢精美图书的策划人、资深编辑王婧，她很有耐心地将这些文章书稿，打造成为一部正式出版物。

感谢中国科技馆原党委书记兼馆长、中国科学技术出版社原党委书记兼社长苏青先生欣然为本书作序。

由于本人水平所限，书中可能会存在不严谨、不全面之处，由于发表时间跨度较大，书中个别观点可能已经过时，敬请各位读者批评指正。

2025 年 2 月

目录

第一部分 出版社发展与管理

第二部分 编辑视点

第三部分　宣传营销

第四部分　数字出版

01

第一部分

出版社发展与管理

简论出版社发展战略的制定

目前，出版社转制工作正在有条不紊地进行着。不论是作为事业单位企业化管理的出版社，还是未来的经营性的文化企业，都必须要像经营企业一样对出版社进行良好的战略管理，才能在激烈的市场竞争中立于不败之地。

一、制定出版社战略的重要性

1. 什么是出版社战略

俗话说，人无远虑必有近忧。对于我们的出版社来说，几年后应向何处去？应走什么道路？这都是每个社领导必须要回答的问题。

这一问题，其实也就是出版社发展战略问题。

战略这个概念来源于军事领域，是“战争谋略”的简称。与它对应的词，是战术，一场具体的战斗实施术。

出版社战略，其实就是出版社发展的整体性、长期性、关键性的谋略。而具体对某一套书怎样策划、出版和营销，则是出版社的具体战术。

2. 制定战略的重要性

战略，对于任何一家企业来说无疑都是十分重要的。管理大师彼得·德鲁克这样评价企业战略：“没有战略的企业就像流浪汉一样无家可归，战略的作用就在于赋予企业果断把握机会的能力。”对于出版社来说，情况同样是如此。下面以一个具体事例加以说明。

外研社，从1990年到2004年这15年间，从一家销售码洋1000万元的小出版社，发展成为销售码洋达12亿元的大型出版社，其成功的主要原因，就是以李朋义为核心的外研社管理团队制定了正确的出版社发展战略。20世纪90年代中期，当许多出版社还在靠图书品种扩张而“广种薄收”时，该社制定了“精品战略”，放弃表现平平的选题，努力打造一批精品图书，如《许国璋英语》《大学英语教程》《新概念英语》等，取得了可观的社会效益和经济效益；20世纪末，当许多出版社还固守自身习惯的一般图书出版的时候，该社制定了“以教育出版为中心”的战略，实施集约化规模出版，进入了投入多、但回报丰厚且相对稳定的英语教材市场。

二、制定出版社发展战略的原则

制定企业发展战略，是一项高难度的复杂工作，要求很高，绝对不是拍脑门拍出来的，它需要经过仔细的调查研究，需要花费无数的精力，包括智力和体力，并且要把握制定战略的原则。

1. 慎重性原则

制定出版社战略的基本原则之一，是慎重性。发展战略不是本年度出版计划，不是出版社局部的工作，而是事关出版社的全局，会影响全社几年、数十数百人的工作和生活，事关整个出版社的生死存亡问题，有着较高的风险，必须要经过较长时间的调查研究，反复论证。

例如，外研社的发展战略，从提出到确定，经历了将近一年时间的调查研究，社领导班子不断提出各种问题，不断反复论证，最后才通过。由于坚持了慎重性原则，事后的工作证明了其正确性和有效性。

而某出版社，由于调查研究不细，对市场形势估计盲目乐观，将出书领域涵盖大众出版（生活、励志、青春文学）、专业出版（计算机、财经、法律、医学）、教育出版（高等教育和中小学教育），过于追求出版规模，四面出击，与出版社的人力资源、资本都不配套，选题上马过多，论证粗糙，产品的市场表现不佳，结果表现为现金流吃紧，不得不在第二年年底进行收缩，导致骨干人员流失，发展战略失败。

2. 整体性原则

出版社战略制定的整体性原则，要考虑本出版社情况、图书出版业内情况、国内经济环境，甚至国外环境。特别是要考虑中央的指导方针，国家的政策导向。

一些出版社制定了“走出去”的战略，如将外国语教学图书出版及教学组织作为战略组成部分，就与党和国家精神相一致，增加了成功的宏观系数。

结合该出版社自身的人员特点和以往的作者资源，则又增加了成功的微观系数。

如果不考虑这些方面，只考虑本出版社的情况，这样制定出来的所谓战略，就面临着很大的市场风险。

外研社制定教育出版战略时，不但考虑了本社情况，还考虑到了其上级——北京外国语大学的师资、品牌等资源，是有其整体性考虑的。

3. 前瞻性原则

出版社战略，是关乎几年甚至十几年后出版社发展的谋略，必然要有前瞻性，要考虑业内情况变化，科学技术发展情况，宏观经济形势发展，以及未来的市场走势，不能只考虑眼前。如果只考虑当前，以此做出判断和制定战略，则一旦外界形势发生变化，该出版社就会面临着极大的风险。因此，制定出版社战略，必须有前瞻性。

例如，出版社集团化的发展战略，就要考虑加入世贸组织后，我国的市场开放程度提高，外资必然会进入图书分销领域，对上游的出版领域产生的影响。出版社要考虑外资企业会借助强大的资本优势、先进的经营理念、娴熟的商业操作手段，与内资图书企业争夺市场份额。我们的出版社在资本、人才、市场化程度、品牌上都缺乏优势，几百家出版社的销售额，还不足国外贝塔斯曼出版集团一家的销售额。在这样的情况下，以资本为纽带，制定集团化战略，整合聚拢资源，做大做强，提高核心竞争力，塑造品牌，就是一项正确的发展战略。

此外，制定战略还要追踪科学技术的发展。当前，科学技术发展日新月异，数字化技术、电子出版、网络出版等，将从根本上改变现行纸质出版物编辑、印刷、发行的模式，出版社必须从战略上进行考虑，以适应出版业发展变化。

外研社在制定发展战略时，就对此进行了前瞻性的考虑。在以后的实际运作中，外研社有计划地并购了银盘公司，从而增加了外研社的电子出版物数量，从而实现了以各种形式占领外文出版物市场的目的。

4. 差异性原则

出版社战略制定的差异性原则，就是根据出版社自身的特点制定个性较强的战略。

目前，全国出版社有560多家，基本上是计划经济时代按照条条框框建立起来的出版社，许多出版社的组织结构、图书产品、运作模式十分接近：人民（哲学社科）、科技、教育、少儿、文学……如果发展战略也一样，则由于产品、运作模式等的同质化，效果必然不佳。世界上并没有一个百试不爽的发展战略，所有的出版社，都要根据自身特点，制定不同的发展战略。

市场经济发展历史告诉我们，专业化、差异化是出版社战略选择的必由之路。由于在资金、人力资源、品牌、管理、规模、地域、历史、出书特色等方面的差异，出版社制定战略有较大的差别。一些出版社资金不足，人才积累也处于劣势，不可能拿出大笔的资金进行版权引进和知名作者的作品买断，也不具备很强的针对投资失败的抗风险能力，就不要贪图“做大做强”，可以选择“小而专”“小而特”的发展战略，放弃大部分出书板块，集中人力、财力于自己有优势的主打板块，在细分的市场中争取自己的生存空间。这样，才能真正打造本出版社发展的核心竞争力。

外研社的出版范围，基本上是外语教材和面对销售市场的外语出版物，它并没有不顾自己的实际情况，市场什么热就出什么书，没有进入社科、生活、经管等出版领域。这充分体现了战略制定中的差异性原则。

5. 明确性原则

出版社战略制定后是要使出版社全体员工明白，并不断贯彻执行的，不能模糊，要十分明确，文字表述中不能有歧义。它只有描述明确，可以把握，才能在出版社实际工作中得到执行。因为，出版社在制定完出版战略后，往往还要制订发展计划，一步步地将战略落实到实处，如果发展战略不够明确、清晰，甚至存在自相矛盾之处，那么，发展计划就难以制定，制定出来的战略也就没有多大价值，会流于形式，失去制定的意义。如果发展战略描述模糊，按理解歧义制订计划并落实，甚至还会导致重大损失。

例如，某出版社制定的战略，只是说：“实施品牌战略”“打造一流出版社”，就是一种模糊的战略，缺乏制定计划的操作性。

外研社的发展战略，则是十分明确、清晰的。外研社坚持“以教育出版为中心”的集约化规模发展的战略就是从原来的以一般图书出版为重点转移到以教育图书出版为重点，加大各类课堂教育、技能教育教材的出版力度。这一战略可以制定出合理的发展规划，通过横向的出版系列化和纵向的出版一体化，来实现教育出版集约化规模发展。

（1）横向的出版系列化：按照图书出版——报纸期刊出版——电子音像出版——网络多媒体出版这一横向链条，以不同的媒体形式来充分利用内容资源，进而形成相得益彰的出版格局。这种系列化产业链将极大地提高外研社出版资源综合利用的程度，由单一的纸媒体出版向多品种、多元化、多载体、多形式的现代化出版模式转化，从而形成了选题立体化开发、立体化出版的新局面。

（2）纵向的出版一体化：按照教学科研——出版——教育培训服务这一发展链条，向上下游领域进行拓展，整合资源，构造互动互补的出版产业链。这是外研社强调的“立体化出 版”更深层、更重要的含义。这种纵向的一体化出版强调出版与培训、科研互动互补，也就是通过教育科研带动图书的出版，反过来，通过教育培训来扩张并延伸图书的生命力。

原载：《科技与出版》2009 年第 12 期

试论地方科技出版业的现状与出路

党的十六大报告中将“全民族的思想道德素质、科学文化素质和健康素质明显提高”作为全面建设小康社会目标的一个重要内容，提出了建设学习型社会的要求，而着力提高公民素养则是实施这一目标的重要组成部分。在这一促进公民对科学技术的学习、了解、掌握和运用，提高公民的科学素质的过程中，科学出版业扮演着越来越直接而重要的角色。

地方科技出版业面临的严峻形势

近年来，随着出版产业改革的不断深入，图书市场发生很大的变化，书业竞争日渐激烈，各地纷纷组建出版集团，发行企业的连锁经营、生产规模不断扩大，民营工作室和文化公司不断涌现，网上书店的崛起等，这些都对出版社造成了冲击。尤其是地方科技出版社在中央部委大型科技出版社集团化、企业化的发展冲击下，处境异常艰难，面对的主要问题有：

一是实力不足，品牌弱。毋庸置疑，和大型科技出版社相比，中小科技出版社参与市场竞争的不利条件众多。资本实力不强，品牌效应差，人才缺乏，经营运作手段单一、落后，市场竞争力弱和抵御风险的能力低是几乎所有中小科技出版社共有的不利因素。由于经济实力有限，中小科技出版社的投资能力和市场运作能力有限，很难有大规模的投入和产出。中小出版社规模小、编辑力量薄弱、作者资源有限等缺陷在一定程度上制约着地方科技社的发展，更难吸引和留住优秀的业内人才，特别是急需的、善于图书宣传和市场运作的人才。

二是销售渠道是“软肋”。大型的科技出版社由于多年建立起来的专业图书发行渠道、新华书店销售网点和成熟的人脉，图书产品上市面广，图书版块和产品线丰富，市场份额较大，对渠道的话语权明显，在图书折扣、上架、回款数量和周期中，占据有利优势。中小出版社由于规模有限，开拓专业发行渠道成本较高，因此高度依赖主渠道——新华书店，使自己图书的发行渠道单一，但仅依靠主渠道使图书销售略显单薄，逐渐成为制约科技出版社的又一瓶颈。

三是产品同质化严重。计划经济体制下形成的出版社专业分工是我国出版的一大特色，这使得全国各省、自治区和直辖市都有自己的科技出版社，专业技术类和生活实用类图书成为这些科技社的主要出版方向，每家出版社都设有理工、农业、医学、生活等编辑室。目前，“地科联”所属35家地方科技出版社的图书出版内容，几乎都涉及实用科技、医药卫生、农林技术、生活保健这几大类。科技图书出版重复在某种程度上已成为严重的问题，一个选题有一批出版社先后出版、推向市场，很容易引起读者的视觉疲劳，形成科技图书销售不旺的局面。可以说目前市场上存在的科技图书数量、种类不占少数，但真正能够引发阅读热潮、成为精品的读物少之又少。哪本书都能卖，却又卖不好，久而久之，图书出版寿命缩短，形成大量库存积压。

四是图书市场不规范。由于国内图书市场发育尚不完全，图书市场还存在一系列不规范的市场竞争现象，很多中小出版社好不容易制作出几本市场反响不错的图书，不法书商的盗版，其他出版社的跟风等现象往往很快就会出现，本来就不大的利润空间又会被一一分割。

五是受到网络出版的冲击。近年来，纸媒体图书又受到电子出版和网络出版的影响，CD-ROM、Web页面、PDF电子书、RSS订阅器等纷纷出现，它们以多媒体、更新快、检索方便、互动性高、价格便宜甚至免费等特点抢占市场，使本来就有难度的科技图书出版发行面临更加严峻的局面。近年来，网上浏览人数比例不断增加，图书阅读率不断下降。调查发现1999年国民图书阅读率为60.4%，2001年为54.2%，2003年为51.7%，2005年则为48.7%，首次低于50%，比1999年下降了11.7%。与图书阅读率相反，近年来我国国民网上阅读率正在迅速增长，网上阅读率从1999年的3.7%增加到2003年的18.3%，再到2005年的27.8%，增长6.5倍。据新闻出版行政主管部门的统计，2004年科技图书销售册数下降22.24%，2005年再度下滑8.26%。与科技图书颓势增长相伴随的是，各科技出版社品种增加，单品种发行量下降，库存上涨，退货率攀升。

体制改革与机制创新是地方科技出版业发展的根本出路

作为文化体制改革重要组成部分的出版发行体制改革的深入推进，是2007年新闻出版系统重中之重的任务。

一要进一步统一思想。把思想统一到中央的部署上来，统一到总署制定的《关于深化出版发行体制改革工作实施方案》上来，统一到深化出版发行改革的总体思路和具体任务上来。

二要提高认识。认识到深化出版发行体制改革，是全面落实科学发展观、构建社会主义和谐社会的需要；是建立完善社会主义市场经济体制的需要；是推动出版发行业自身发展、满足人民群众精神文化需求的需要；是适应对外开放新形势，推动中华文化走向世界的需要；是维护国家战略安全的需要。

三要坚定信心。出版发行单位由原来各自为战集结为一个集团，再转制为企业，加之人员分流、利益格局的变化，困难不少，但改革所产生的效应、所带来的活力显而易见。尽管前面还有一系列难点问题有待破解，但改革发展之路，会越走越宽广，越来越精彩。

四要加快改革进度，不断稳步推进。当今世界，竞争力不仅仅表现在经济力的对比上，更在于包括新闻出版业在内的文化的进步与繁荣。我国加入世贸组织五年来，世界出版巨头已经开始进军中国图书市场，中国出版业能否守住阵地？能否在激烈竞争中走向世界？可以说，国际国内形势都要求我们出版发行体制改革要加快进度。中国出版发行人必须克服徘徊观望，消极等待的思想，否则出版发行体制改革就会错失良机，无功而返，影响国家文化体制改革的大局，影响全面建设小康社会的进程。中国出版发行人一定要意识到：早改早主动，晚改会被动，不改没出路。要按照中央的部署，不断深化改革，要以资本为纽带，逐渐对现有出版社进行转企和股份制改造。大科技社，走跨媒体经营之路，走集团化道路，做大做强，具备条件的企业，在内地的交易所以A股上市或在香港联交所以H股上市。中小科技社，就要建立现代企业制度，走专业化道路，在细分市场做强。

面向市场，练好内功是地方科技出版业发展的制胜关键

在良好政策的前提下，中小科技出版社要真正面向市场，练好内功，以迎接市场竞争的挑战。

一要集中优势、打造特色。特色是体现出版社活力的重要方式，是全面提升竞争力的强大武器，是在众多科技出版社中脱颖而出的唯一途径，是出版社的立身之本、生命之源。科技出版社只有依托自身能力打造特色、创建品牌，才能够实现科技出版的可持续发展，才能为“科教兴国”大目标服务。近些年科技图书出版最为突出的问题就是内容、种类同质化严重，各出版社应该理性地思考这个问题，不能只求“短平快”的经济效益，而要在取得经济效益的基础上，打造特色、创出品牌。新闻出版总署和国家科委颁布的《关于加强科技出版工作的若干意见》，提出了对科技出版工作主要的任务要求，其中特别指出各科技社要“出版丰富多彩的、适应社会需要的、多层次的科技著作”。肩负科学普及重任的广大地方科技社如何做到“丰富多彩”和“多层次”？虽然存在种种不足，但地方科技社毕竟“船小好调头”，比起中央一级出版社，具有选题范围广、发展潜力大的相对优势，如何充分利用优势、打造科技出版特色是即将到来的一年中，各地方科技出版社的工作重点。

选题上的创新是科技图书突出特色最重要的方面。选题有特色，且将这种特色延续才是科技社夯实基层发展长远出版规划、实现可持续发展的根本所在。地方科技社与中央科技社在图书市场上狭路相逢，从编辑力量、出版资源来讲并无可比性，但中央社依托专业优势、地方社深挖自己的特色，将图书选题做专、做精、做深，各有各的领域、各显各的特色，也并不算难事。

二要强化营销，拓展市场有特色的内容还须通过特色的营销渠道来发行传播。据一些出版社相关负责人介绍，以往图书出版偏重于“编辑加工型”，而如今做好市场受众细分也成为出版工作的一个重要方面。这是由“编辑加工型”的出版向“营销策划型”出版转变的必然。对终端读者的关注是打造特色营销的重要方向，在原有销售网点的基础上，吸引新华书店、民营发行机构订货，扩大营销范围、拓展市场开发专业图书馆直销和提升普通读者购买力成为各社打造规模化营销、凸显出版特色的必由之路。

三要依托新技术，开辟新道路。要抓住数字出版的长尾，打造内容采集和加工平台。数字出版（电子和网络出版）具有投资少、避免库存维护和报废损失的风险，不但能节省资金投入（做 1000 本电子书与做 1 本实体书的成本几乎相同），还能随时更新，比纸媒体的重印要快速、简单得多，而且没有断货和绝版的问题，这正好适合印数不大的专业科技学术图书出版。单本专业科技图书的利润虽然不大，但通过将许许多多科技专业图书通过网络平台集中运作，这些利基产品也可以积聚一定的利润。这就是互联网时代的长尾理念。出版业是以内容为王的，出版社可以利用数字出版技术，制造新的电子图书，也可以将自己原有的纸媒体图书转变为电子图书，供读者下载购买，或与网络公司合作，由网络公司进行销售，按比例分成。这样，不仅能成为新的利润增长点，而且还能进一步开发图书内容的资源优势，实现图书资源的二次利用。据 iResearch 的数据，中国网络广告收入今年将达到 90 亿元，未来 8 年都将保持 30% 以上的增长速度。基于此点，出版社可与大型互联网公司合作，参与图书内容搜索项目，提出 20% 书稿内容公开，供网民阅读。同时，提供出版社的联系方式，便于读者购买纸媒体图书。

进行政策倾斜，加大扶持力度是地方科技出版业发展不可缺少的外部环境

一要扶持科技学术专著出版。科技专著由于读者面窄，其印量偏少，成本高，不可能完全走市场化的路子，需要进行政策导向，鼓励科技出版社出版有价值的科技专著。同时，科技出版社也要重视考虑出版的社会效益，不能完全以利润为导向。

二要鼓励实用科技读物的出版。我国是一个文化科技发展水平不高的国家，从业人员的科技素质还不够高，为了贯彻科教兴国的战略，需要大量出版传播实用类科技图书，如信息技术、工业加工技术、种植养殖等农业实用技术、农产品经营管理技术及进城打工农民思想、生活等读物之类的“三农”图书。这些图书质量不能差，价格不能高，而且发行渠道不畅，发行成本高，对于科技出版社来说，依然困难重重。建议国家有关部门对实用科技读物的出版进行政策性补助，并减免税收。例如，国家可以建立实用科技图书专项出版基金，重点用于实用图书的出版。对于出版“三农”图书达到一定比例的出版社，采用减免增值税和所得税的措施。对此类图书的发行销售，希望有关部门给予必要的配合与支持等。

三要提高国民素质，普及科学知识，宣传科学思想、科学方法，弘扬科学精神，我们需要出版大量的优秀科普图书作品。科普图书，写起来困难，出起来困难，卖起来更困难。科普读物要求通俗易懂，文笔优美，科技知识表达准确，而且可读性强，能吸引读者阅读。但目前好的科普作者可以说是凤毛麟角，需要好的稿酬，并提供相应的创作条件，扶持优秀科普图书作者。在科普图书发行销售方面，由于家长对智力开发、功课学习的图书购买欲望

强烈，对于科普图书几乎不愿意购买；成年人工作繁忙，进修“充电”多读与工作有关的实用图书，消遣则读小说等文艺作品，因此，大部分科普图书销售量并不大，库存积压严重，出版科普图书虽有一定的社会效益，但几乎没有盈利，甚至亏损。这更需要国家和相应的组织机构给予资助，用政策上的导向，鼓励科技出版社推出更多的科普作品。

四要在分类管理方面进一步研究和探索。目前，新闻出版总署已将人民出版社和盲文、少数民族语言文字出版社列入了公益性出版机构。其他出版社为经营性出版社，要转制为企业。但本人认为，这还不够，从长期来看，建议国家出版管理部门增加“非营利学术出版机构”这一类别，限制其出版非学术类大众图书，采用税收等政策优惠于这些公益性出版机构，促进其出版高端学术专著。

原载：《科技智囊·咨询》2007 年第 4 期

地方科技出版社发力摆脱“边缘化”

曾几何时，科技出版界曾有过两种激动人心的口号，分别是中央级科技出版社的“立足本专业，面向大科技”和地方科技出版社的“立足本地，面向全国”。当时地方科技出版社靠着小而灵活，什么书好销就做什么，在二十世纪八九十年代“异军突起”，在理、工、农、医、科普、生活图书等许多方面，都有了不少斩获。

十几年过去了，年历翻到了2006年。对于许多中央级科技大社，“立足本专业，面向大科技”的口号基本实现了。如机工社，从机械到电子再到建筑甚至管理。而地方科技社，“立足本地，面向全国”，却不尽理想，遭到了中央级科技出版社和大学出版社的挑战，处于“夹缝中求生存”的状态，原有的科技图书阵地几乎节节告急甚至失守，一些地方科技出版社的社长老总感叹：“我们被边缘化了。”

溯因篇：为什么被“边缘化”？

在图书市场不完善的初级阶段，这种灵活的“游击战”尚可，而进入市场竞争激烈阶段，就难了。况且中央级科技出版社也进行了改革，机制较新，机工、化工、科学出版社等社优势凸显。这样，在许多图书版块已基本形成，进入“阵地战”时，如果没有稳固的立足点进行攻坚战，很容易失败。

具体来分析，造成地方科技社市场份额下降、经济效益下滑的原因大致如下。

第一，小而全，没有特色。一位地方科技出版社的社长说过，最没有特色的出版社，就是地方科技出版社。小而全，出书范围广，理、工、农、医各类书都能出，本来是优势，现在则成了劣势，编辑人员有限，什么都出，平均使用力量，哪个都只能赚一点钱，甚至都不一定能赚到钱。战线过宽，纵深就显得不够，板块多，某一板块的产品线较短，自然很难形成市场优势。

与之相反，只出某一类型的中央级科技社，产品线丰富，反倒能赚钱。

第二，没有品牌优势。由于地方科技出版社成立时间较中央级科技出版社短，且没有注意在某一出书方面进行积累，没有规模就没有效益，在读者和分销渠道中，都没有形成知名度，更谈不上美誉度和忠诚度了，品牌影响力欠缺。这一点，中央科技社则由于多年的积累，在自己分工的某一科技图书出版方面，出书品种相对较多，树立了品牌。

对于这一点，相对于中央大社，如机工、轻工、电子等社来说，地方科技出版社重视程度尚不够，即使重视想树立品牌，但重点版块没有建立，患得患失，再加上缺乏运作经验和人才，品牌运作能力仍较差，许多地方科技出版社基本上未能树立起品牌。

第三，企业化程度低，管理水平不高。由于改革的进度和力度不同，一些地方科技出版社企业化程度较低，管理水平不高。一些出版社管理十分粗放，只简单下放利润和销售指标，离现代企业管理制度相差甚远，尚不能按照市场配置出版社资源，以整个出版社的力量搏击市场，核心竞争力低。由于处于地方，导致高水平的业务人才和管理人才缺乏。员工的绩效激励还不够，还未采用多元化的分配管理。例如，基本是按目标责任制分别向编辑部和发行部要求利润和回款，采用按一定比例超额提成的方法。

此外，在渠道建设、市场宣传推广方面，由于市场化程度较低，力度明显不够，在分销领域的话语权显得缺乏。

对策篇：如何摆脱“边缘化”？

地方科技出版社要想在夹缝中求生存，而且不被“边缘化”，仅靠小的改革是不行的，要从根本上转变思想观念，借鉴现代企业的做法，从出版社的运行机制改革入手。一些地方科技出版社的社长已认识到了这一点，采取各种方法，力求突出大学出版社和中央出版社的优势，力争在市场中保有自己的一席之地。

突破地域限制，打造运作平台

地方科技出版社要谋求管理创新，努力创造新的机制。为了走向全国，他们不再固守省城本地。例如，在重点大城市如北京建立办事处甚至公司，打造新的运作平台，以各种优惠的政策，如承包、年薪、分红、股份、期权等形式吸引高水平人才加盟，以便充分发挥首都等中心城市的作者、信息、市场和媒体宣传等优势。

江苏科技出版社进行了组织机构和运行机制方面的创新。除增加了科教编辑室之外，特别是在徐州市和苏州市等地设立了办事处或公司，建立新的运作机制，充分利用当地的资源优势，发展教育出版。据有关方面的消息，江苏科技社还准备在北京设立办事处，发展大众出版。采用类似做法的，还有内蒙古科技出版社和广西科技出版社，已在北京设立办事处，分别主攻大众出版和教育出版。

改加法为减法，精耕细作立品牌

从前，地方科技出版社是没有特色的。这一点，许多出版社管理者已经认识到了。一些地方科技出版社不再“四面出击”，走原来的粗放型发展道路。

一些地方科技出版社的编辑人员、资金、书号资源都有限，不可能做大，要想做大就必然死掉。以前是要多出书，出好书，现在我们则要“做减法”，少出书、出好书，要收缩出书战线。目前，天津科技出版社的图书板块为医学、生活、助学这三个板块。而吉林科技出版社和内蒙古科技社均主抓生活图书，分别在各自侧重的美食和孕幼保健两个方向取得了不俗的业绩；湖南科技出版社定位在医学和科普这两个板块；上海科技社除医学和科普外还重视教材出版；山东科技社也放弃了计算机等领域，由九大板块集聚为五大板块，即医药卫生、理工、生活、教育和外语；江苏科技社和福建科技社也分别集中出版板块，前者主抓教材、助学、医学、农业、生活（侧重宠物园艺等），后者则为中医药、电子电工、建筑、生活（侧重健身）。

当然，如果大家都做医学或生活板块，没有什么特色，形成不了品牌。要真正树立品牌，每年要用几种特色畅销书来带动整个板块，不断提高出版社的知名度和图书产品的美誉度，最终形成自己社的品牌。例如，湖南科技出版社，就利用国外引进的传奇人物——霍金的《时间简史》《果壳中的宇宙》的畅销，来带动整个“第一推动”丛书的销售，进而在读者和图书业内建立起湖南科技出版社科普书的品牌。该社要在科普书，尤其是高级科普书方面，形成规模，形成品牌优势。目前，该社的《时间简史》中文版销量达几十万册，较为成功，近年来该社还相继推出了《时间简史（10年增订版）》《时间简史（插图本）》《时间简史（珍藏本）》《果壳中的宇宙》等霍金作品。这些畅销书大大提高了湖南科技出版社科普图书的知名度。为了宣传出版社的品牌，在霍金访华期间，出版社组织媒体铺天盖地般报道，使得读者纷纷去追逐霍金，成为霍金的“粉丝”，去书店购买霍金的书，当然也就记住了出版该书的出版社。同样，广大分销商也对湖南科技出版社的科普书留下了深刻印象，使其品牌影响得到了不断强化。

与其他地方科技出版社不同的是，北京科技社除了保留发展其传统优势板块——医学图书外，还“剑走偏锋”，试水少儿出版，准备在少儿图书出版领域有所建树，也是在寻找自己的特色之路。该社的“左脑右脑”丛书，在今年上半年取得了不俗的销售业绩，使该社总体市场占有率（开卷统计）排名，从 80 多名上升到现在的 50 多名。而据江西科技出版社介绍，该社总的策略是书刊并举，图书主攻大众读物和教材教辅，前者是精简品种、要做特色，后者则要做规模。该社还要利用《农村百事通》和《家庭百事通》等资源优势，投入技术和资金开展特色种植养殖业。

变发行为营销，以销定产控成本

发行部只靠以前文化程度不高的业务员进行发货、收款等简单工作，是不行的，要使发行向市场营销转换，提高人员的综合素质，使之了解图书产品，能进行市场宣传和推广工作，向卖场的营业员传递有效图书信息。许多出版社的发行业务员，已经从高中学历变为大专甚至本科学历。

在营销方面，出版社还要大胆借鉴现代企业的做法，做好图书的市场宣传推广工作，从而拉动图书的销售。

湖南科技社《果壳中的宇宙》一书问世不足半年便销售数万册，《时间简史（插图本）》居畅销书排行榜第 14 名、《果壳中的宇宙》居畅销书排行榜第 27 名，充分显示了其营销工作的力量。该社利用图书作者霍金特殊的人生经历，开动传媒资源进行热炒。媒体对霍金一拨一拨的宣传，使其成为当今家喻户晓的传奇人物，使公众去追逐霍金，去购买《时间简史》《果壳中的宇宙》。此外，出版社还用有奖销售等促销手段，大大提高了图书的销售额。

山东科技社自 2003 年起创设了“内部采购，以销定产”的营销模式，从源头严把选题审批关、质量关，编辑在选题论证会前要开展各种形式的社会调研，广泛征求一线销售人员的意见和建议，发行公司对每个选题实行内部采购，落实印数，除泰山基金的科技专著等重点图书外，对于不能落实印数的选题，要重新策划或坚决撤掉，对于发行部认同的印数，实行谁提印数谁负责。

此外，不少地方科技出版社在编印期间加强了成本管理，在印刷、纸张等环节建立专人采购制度。当中，责编有权对图书的纸张、印刷价格进行选择，但不参与实施，印制部门只对价格进行监督，对责编的决定予以实施，并保证印装质量和工期，有效地降低了前期成本。同时因定位为专业型中小出版社，部分出版社在出书品种和数量方面，也在进行思考。天津科技社已不再采用以发新书催老书的销售方式，年出书品种数量也有下降的趋势，也在一定程度上降低了库存。

原载：《中国图书商报》2006-6-16

出版社董事长职能定位不应小觑

编者按：近年来，出版社基本上完成了转企改制，从事业单位转变为现代企业——出版社有限公司。设立了公司治理结构，成立了董事会、监事会和经理层。这与原来事业单位的领导班子，包括“事业单位企业管理”下的社领导班子，有很大不同。中国出版传媒商报特约撰稿人傅芊围绕该话题介绍了一些自己的认识。商报记者亦将持续关注此类出版企业管理层面的现象与现状，并将带来更深入的报道。

新职责 VS 旧观念：董事长定位应厘清

根据现代企业制度，董事会负责决策，董事长主持工作，经理层负责执行，总经理为首席执行官，监事会负责监督。三者分工不同，在公司中既互相配合又互相制约。

在出版企业中，董事会代表出资人的利益进行管理，负责决策让企业的资产不断增值。董事长要决定高管经理层的人选、研究决定其绩效薪酬，要做总体规划，要有整体目标。聘用和解聘总经理、财务总监的权力，也在董事会。重大事件，要报董事会决策讨论，由总经理执行并汇报结果。

董事会中，作为召集人的董事长起着重要作用，是一家出版企业的灵魂，一些董事长还是企业的法定代表人。

与原来的社长不同，董事长可以从出版社的日常事务中解脱开来，专注于企业的发展规划和重大经营活动的决策，如出版社专业渠道的建设；发展方向的研究，如新媒体、数字出版的探索；经营多元化，如进军除了纸书出版之外的新行业；投资融资、企业并购、企业分立（如副牌社成为独立的公司），引入战略资本，进行股份制改造；借壳、买壳或独立IPO上市；等等。以董事长为召集人的董事会，要为总经理为首的经理层指明方向，要求其完成各项重大决策。总之，其核心工作是决策，而总经理的核心工作是执行。

不同于原来出版社的社长，董事长集决策和执行为一身，有很大的不同。二者分工不同，角色差异，作用不同，工作的方式方法和侧重点也明显不同。

例如某专业出版社董事长（转企改制前为社长）通过各项调研材料认为，为了发展出版社，应该新成立一个生活类图书出版中心，进入大众出版领域，扩大销售码洋和利润。而总经理（由总编辑转企改制后改任的）则认为该社从编辑、发行渠道、作者队伍、品牌等方面都没有优势，与目前几百家出版社争生活图书市场，会得不偿失，不愿意进入大众出版领域。结果，董事长亲自从社里调了几个编辑，又从社外招聘几个编辑，成立生活图书事业部。董事长亲自操盘做本该由总经理组织人做的事情。一年间，该社只开过一次董事会，出版社许多重大事项处于停滞状态，无人研究和执行。

其实，出版社有限公司的董事长，要从原来社长的日常编辑、印务、营销、发行、储运等具体运营事务中解脱出来，考虑出版社整体的、长远的、间接的、重大的问题。表面看来是事情少了，时间松快了，一些从书记或社长改任为董事长（一些总编辑改任了总经理）的，可能还不习惯，觉得没有什么事做。但实际上，这些新上任的董事长们，他们的担子更重了，一个决策不慎，就可能影响出版社发展的全局。

这些董事长，他们是出版社大船的舵手，为航船指明方向，使船长能沿着正确的方向前进，而船开得快慢，则是总经理的事情了。船沿着既定方向开进抵达目标，而因方向错误导致没有任何收获，则只能归咎于董事长领导的董事会。当然，偏离预定目标，则是总经理的问题。

新问题 VS 旧经验：董事长角色需明确

从现在出版社的情况来看，一些董事长的角色扮演得还不错，而一些董事长的角色，则扮演得不够好。存在着“错位”“缺位”和“重位”的现象。

错位因原来担任社长工作时形成的习惯，与总经理抢工作，深度介入总经理的具体执行工作，越俎代庖。这种董事长，还不在少数。

缺位董事长“无为而治”。他们可能不知道董事长该干什么，索性什么事都放手让总经理去做，不知不觉地，连决策权也交予总经理。当然，一些总经理，可能比较强势，或原来就是社长，出版社有限公司的许多事情，不向董事长报告，自己决策、自己执行。

重位、错位和缺位都存在，同一出版社有限公司的决策和执行工作，由董事长和总经理交替进行，一部分事情由董事长决策和执行，另一部分则由总经理进行。如某出版社，董事长负责全社ERP的组织建设工作。其还负责全社财政项目的申报组织和运行工作，并亲自抓数字出版工作。换言之，董事长做的是总经理认为没有必要而不愿意管的工作。

有的出版社原来的社长在转为公司时既是董事长又是总经理，常务副社长则变为副董事长还是副总经理，其他副社长和副总编辑，则是董事的同时，还是副总经理或总经理助理。这导致了高管层与董事会高度重合。此类情况下，决策层与执行层不分开，其实是根本不符合现代企业的公司治理结构的。此外，还存在董事长任命总经理的误区。

出版社转企改制为现代企业出版社有限公司，不光是牌子变化，而是性质的根本变化，出版公司董事长的角色也与原来事业单位的社长大不相同。因此如何学习现代企业的管理知识，扮演好新的角色显得至关重要。

譬如出版社有限公司的董事长和总经理（包括副总经理）都要轮流参加相应的管理培训班，如MBA班。董事长要充分了解董事长的职能，找到自己的位置，摆正董事长和总经理的关系。

出版社有限公司的董事长还应组织人员对本公司、出版业现状和发展进行调研，了解宏观情况，如本社财务运营与产品选题研发及生产、销售及经营情况，了解产业动态、新媒体、数字出版等。在年底年初，做好中期年度发展规划和年度经营计划目标制定工作，以及企业的重大事项。董事长也不要亲自代替总经理做出版社的日常具体的经营管理工作，要放手让总经理去执行。

此外，董事长还要做好与上级主管单位的沟通工作，做为国有出资人的代表，要与上级主管单位不断交流，对于出版社重大事项，尤其是分立、并购、股份制改造、投资非主业等方面，要取得上级领导的同意与支持。这样，可以让总经理踏实管好内部事务，集中精力于出版社的经营管理。

原载：《中国出版传媒商报》2013-11-19

新形势下科普出版企业人力资源建设中的问题与对策初探

摘要：科普出版企业是出版企业中的重要组成部分，是科学创新和科学普及的重要力量。人力资源建设是科普出版企业发展的关键因素。当前新形势下科普出版企业人力资源建设面临新要求，存在新问题，需要新的应对策略。本文分析了新形势下出版企业面临的新形势，存在的新问题，科普出版企业在新形势下就如何解决这些问题的对策进行了分析和研究。

科普出版企业是出版企业中的重要组成部分，是科学创新和科学普及的重要力量。企业的发展，人才是关键，人力资源建设是科普出版企业发展的关键因素。当前新形势下，科普出版企业人力资源建设面临着新要求，存在着新问题，需要新的应对策略。

一、新形势对出版企业人力资源建设提出了新要求

当前，在深化国有企业改革、建设创新型国家、繁荣社会主义文化事业、传统出版与新兴出版融合发展的新形势下，出版业发展面临着良好的机遇，也对人力资源建设工作提出了新的要求。

（一）深化改革对出版企业人力资源建设提出了新的要求

在当前深化国有企业改革，出版社进行集团化、股份制改造，国有、民营资本双向进入，做强做优做大的形势下，对出版业的人力资源管理提出了新的要求。尤其要重视高端管理人才、战略规划人才、金融人才、经济法相关人才等，出版社要高度重视人力资源建设，积极引进紧缺人才，爱护激励现有人才，夯实人才工作基础，营造有利于优秀人才大量涌现、

健康成长的良好氛围，为出版社各项事业发展提供组织保证、人才保障和智力支持。

（二）数字新媒体网络发展对出版企业人力资源工作提出了新的要求

目前数字互联网技术发展迅速，屏幕阅读人口快速增长，纸书阅读人数份额在下降。但是，传统科普出版企业的人才结构，不适合于目前快速发展的数字新媒体网络技术出版传播，目前出版业急需熟悉数字出版、网络运营和新媒体传播的新媒体产品策划人、网络技术开发人才、互联网业务运营人才和媒体融合相关的经营管理人才。

（三）经济放缓背景下传统出版业的发展对人力资源建设提出了新的要求

与十年前高速发展的经济形势相比，目前人们对非生活必需品纸书的需求下降，网络碎片化阅读增长，免费的在线阅读增长，导致出版业库存增长，出版企业整体效益下降，导致员工收入同步下降。对稳定已有员工队伍、吸引新员工队伍加盟提出了新的要求。

二、存在的困难和问题

（一）科普人才队伍整体状态

通过调查问卷，以某出版企业为例。

该出版社现有职工 153 人，其中编辑部门 73 人，发行及业务支撑部门 34 人，职能部门 31 人，资产经营部门 4 人。

1. 职称结构：具有正高专业技术等级 25 人，占职工总数 16%；副高 16 人，占比为 10%；中级 48 人，占比为 31%；初级 22 人，占比为 14%。

2. 学历结构：研究生学历 56 人，占职工总数 37%，其中具有博士学位 10 人，占 7%；具有硕士学位 46 人，占 30%；大学本科 61 人，占比 40%；大专毕业 30 人，占比 20%。

3. 年龄结构：30 岁以下共 42 人，占职工总数 27%；31 至 35 岁 30 人，占比 20%；36 至 40 岁 16 人，占比 10%；41 至 45 岁 13 人，占比 8%；46 至 50 岁 17 人，占比 11%；50 岁及以上 35 人，占比 23%。

（二）面对深化改革的要求，人才结构与数量存在明显不足

科普出版企业人才队伍的结构性矛盾突出，储备不足。在年龄结构方面，科普人员年龄断层情况严重，呈现中年人员少、青年和老年人员多的“哑铃形”，而不是以中年人员为主的稳定的“纺锤形”。中青年骨干短缺，中坚力量缺乏，人才队伍幼化和老化现象比较明显。岗位分布方面，业务人才不足，基层管理人员存在冗余。在专业结构方面，理工医农类科普人才分布广泛，文史经管类和交叉学科类科普人才不足；知识型人才多，能力型人才少；经典科学科普人才较充足，新兴行业科普人才匮乏；出版企业经营管理人才和科普领军人才的严重缺乏更是人才的短板。

（三）人才培养投入不足，导致人才外流

近年来，科普出版企业部分工作人员收入低于同行业类似岗位市场水平，虽然工作能力不断提升而实际收入却增长缓慢，这就直接导致人才外流。另一方面，由于对人才培养重视程度不够，培训工作投入的精力及费用不足，导致科普人才成长速度迟缓，不能适应出版社事业发展，最终导致人才流失。同时由于管理投入不足，企业制度建设不够完善，职业生涯发展路径不清晰，导致部分人才工作积极性缺乏，造成人才流失和经济收入下降致中坚骨干员工流失，对青年人吸引力不足。

（四）复合型人才缺乏

在当前经济社会新常态和科学技术手段快速发展的情况下，科普受众提出了新的需求，既懂传统图书出版又懂网络新媒体传播、既懂业务又懂管理、既懂科学又懂人文、既懂科普事业又懂科普产业、既懂政府方针政策又懂企业市场经营的复合型人才极度缺乏，影响了出版社科普工作的发展。

经营管理人员管理能力有待提高。出版社科普工作管理人员多为理工农医教育背景，管理理论相对薄弱，缺乏系统的工商管理培训，管理、经济贸易、金融、法律等相关知识不足，应对国际、国内环境变化的能力有限。部分科普人员管理能力的提升则直接影响外部优秀科普人才的引入。

（五）人才引进渠道尚需进一步拓展

在人才引进特别是高层次和急需紧缺型人才引进上，还没有形成一套成熟完善的制度体系。鉴于内部人才培养有限，外部人才引入有限，造成了某

些产品方向、岗位人才的空缺和断档，招聘工作中会出现“急抓急招”，外部人才与企业之间缺乏相互了解，要么无法完成人才引进，要么完成人才引入后双方适应有困难，最终导致引入无效。

三、科普出版企业人力资源建设问题的应对策略

（一）从长远设想出发，制定人力资源战略规划

在“十三五”时期，科普出版企业要按照五大发展理念，全面落实“以稳定谋发展、以创新促进步”的战略指导思想。要从长远考虑，制定出版企业的战略规划，要有全面性、前瞻性、可行性，考虑到深化改革中企业的股改、混改、并购等各个方面需要的人才，出版融合、产业转型升级所需要的急缺人才。

在人力资源战略规划中，要坚持人才引进与维系人才并重，坚持维持核心团队稳定，以科普出版人才梯队的稳定实现各项事业平稳发展。要考虑到目前出版企业、行业之外其他市场化企业的用工体系，坚持完善多种用工形式并存的管理制度体系及分配制度。要为人才打造创业平台，包括把编辑部转变为分社、子公司所需要的管理人才，从而促进人才脱颖而出，促进出版社全面、有序、健康地向前发展。

同时，还要建立并完善出版企业人才发展、培训制度，为各类人才的成长发展创造良好条件和和谐的氛围。

（二）明确工作目标，理清工作思路

要明确科普出版企业人力资源建设的工作目标，形成人力资源建设新思路。要打造科普出版人才成长的机制，形成人才引进、培训、考核、晋升、激励与约束相结合的科学管理系统。要根据中共中央《关于深化人才发展体制机制改革的意见》的精神，探索人才的企业化、市场化机制，明确“以人为本”的科普出版人才建设原则，采取立足科普出版产业、不拘一格降人才的措施。人力资源建设各项目标要尽量实现数字化，例如，出版企业每年招聘应届毕业生和向社会公开招聘科普出版人才 20 余名，每年核心科普出版人才流失率控制在 0.3%以下等。

（三）创新工作方法，全方位引进多元化的人才

补齐复合型人才短板。重点引进有理工科背景和较丰富的编辑、发行、营销经验，掌握一定出版、业务客户、媒体资源的编辑、发行、市场营销人才；对科学与人文都具有良好基础的科普、科幻产品的策划研发人才；熟悉数字出版、新媒体传播的专业技术人才；熟悉科幻创作、科普出版传播，特别是既能策划又能组织创作团队、本人参与创作的人才。

引进高端人才。与国内外大型出版传媒机构交流，特别是与科技传媒机构有较多接触，引进能为出版社将来实施对外合作战略起到重要作用的人才。要从市场引进国际版权合作人才、首席科普策划编辑、互联网传播领军人才等高端人才。

引进数字新媒体人才。选择引进具有互联网思维、懂科普信息化、数字网络新媒体技术、云平台和科普产品开发、互联网平台运营、平面设计、动漫周边开发、网游设计，并具有组织相关创作团队的美术人才等，或与其建立联系。

引进出版经营管理人才。为满足传统出版与新兴出版融合发展，完成现代出版的转型升级的需要，要重视培养和引进出版经营管理人才，特别是职业经理人、企业并购人才、投融资人才。

（四）多方探索，形成多种用工形式并存的管理制度

以前的用工制度是单一的，但这一用工制度已不适用于目前出版企业的市场化发展需求。要坚持完善多种用工形式并存的制度体系。特别是随着出版企业的快速发展，职工总数逐年快速增长，职工来源也面临着多元化的现实问题。

制度体系的创新能够激活出版社活力，促进出版企业各项事业发展。因此，要形成出版企业聘用、下属子公司聘用、项目协议、实习协议、劳务派遣以及退休返聘等多种用工形式并存的制度体系。

同时，考虑到诸多重大决策必须借助外部专家资源才能得以科学制定，充分发挥智力资本在深化改革、提升经管运营及选题策划能力与水平中的核心作用，要对这些不可能加入出版企业的高级咨询人员，探索一种适合于出版企业外脑型、智库型专家的特殊管理办法。

（五）扎实打好基础，做好人才招聘工作

科普出版企业要将重要岗位实行面向社会公开招聘，大胆引进出版社急需人才；不断优化出版社人才队伍，实现人力资源的合理配置，旨在建立一支高素质、高水平、高效率的朝气蓬勃的出版专业队伍。逐步完善社会保障体系，解决员工后顾之忧。建立健全人才激励和约束机制，努力做到用事业造就人、用环境凝聚人、用机制激励人、用制度约束人，形成优秀人才脱颖而出和人尽其才、才尽其用的良好环境。加强领导班子建设和中层干部队伍建设，提高编辑、发行等一线部门员工的战斗力和执行力。

（六）重视现有员工的在职充电，做好人才培训工作

随着市场经济的发展，企业对于员工尤其是科普出版人才的培训变得更加看重，在培训投入方面要不断加大。科普出版企业要制定全员人才成长计划，有计划、有针对性地组织职工培训，不断提升业务水平和管理水平，不断探索新的培训机制与方法。

在培训内容方面，要坚持适应性培训与提高性培训相结合的原则。在培训形式方面，要坚持多元性、全面性、立体性相结合的原则。在培训形式方面，主要涵盖了企业内训与外聘讲师培训、国内培训与国外培训等。同时，网上培训等网络培训途径更是让更多的人在培训中不受时间、地点的限制，可随时随地进入学习提升的状态。

在培训对象方面，要统筹兼顾，重点突出，确保每一位有志于自我提升、自我突破的员工能够在中心的培训体系中找到适合自己的课程。要坚持重点突出，既确保照顾出版企业多数员工培训需求，又能够满足编辑、印务、营销、网络出版等重点对象的学习需要。

采取多种方式，做好科普出版企业员工培训工作。对于新入职的编辑人员，必须参加新闻出版广电总局规定的培训，并取得培训合格证书。定期或不定期地举办编辑、出版、发行和管理人员的业务培训和业务交流会。安排职工参加新闻出版广电总局、中国编辑学会等组织的各类进修、培训、学术讲座、学术研讨会，鼓励业务人员到社外从事相关的学术研究、参加学术活动，并且做好专业技术人员的继续教育工作。

加强培训管理。建立职工学习档案，实行学时登记。职工参加和完成培训的情况记入学习档案，培训完成情况纳入当年的考核。建立培训考核制度。适时对职工教育培训情况进行检查、评估。将职工参加和完成培训的情况进

行公示，列入年度考核内容，作为干部选拔任用的重要依据。

最后，科普出版企业要设立职工培训专项经费，保证职工培训工作的需要。

原载:《科学传播与出版研究》2016 年第 12 期

浅论出版社的 ERP 工作

一、出版社 ERP 的现实必要性

1. 什么是 ERP

ERP 是“企业资源计划”的英文缩写，作为一种管理软件，能将企业的研发、生产、营销、销售、物流、财务等系统进行全面的管理。作为出版社，它也能将编务、编辑、材料、印刷、销售、财务和物流等系统无缝整合，进行流程管理，打造一个出版社的信息系统平台，使出版企业管理人员，包括中层和高层人员能及时、深入地了解企业的研发、生产、销售、库存等相关信息，包括出版物的出版进度等，从而方便做好出版管理工作，及时进行组织管理。

2. 出版社使用 ERP 的意义

在当前出版社转企改制，市场竞争越来越激烈的情况下，通过出版社的 ERP 系统，可以提高生产节奏，提高经营效率，用来代替人脑，从根本上改善集团的管理模式和员工的工作模式。促进部门之间的信息交流沟通，完善工作方案，优化经营策略，以加快出版企业对市场环境的反应速度，提升出版企业的竞争优势。

ERP 系统能使出版企业上、中、下游的员工，从编辑策划到排版印务和营销销售的工作更有秩序，更加有效，从而使出版物数量、质量和节奏大大提高。同时，由于出版流程中各个部门的需求和进度计划与实施更科学，能够降低生产成本，减少不必要的损失，为出版企业创造更大的利润。

因此，出版社运用好ERP系统对于全面提高出版集团管理水平并赢得竞争优势是十分必要的。

二、如何做好出版社的 ERP 工作

ERP 不是一件简单的工作，不像装个黑马软件那么容易，而是要从几个方面着手，才能起到其相应的作用。

1. 要有明确的共识和管理思路

ERP 的使用是提高生产经营管理水平，不只是用一个软件。是用制度管人管生产经营，而不是让生产和管理思路不变，用个软件代替手工。ERP，主要是代替人的脑。如果还是老思路，人管理的随意性大，管理软件发挥的作用就不大，甚至把怨 ERP 软件不好。

2.ERP 是一把手工程

ERP 不只是技术、是软件，而是对人员的岗位职责要求，是企业管理。所以，ERP 是一把手工程，就是说，一把手要高度重视；像高等教育出版社、青岛出版社等，都是一把手亲自抓。ERP 项目不是普通工作，涉及出版社方方面面，几乎所有的人员。统一思想，高度重视，十分重要。如果管理层对信息化了解不多，重视不够，推动难度就很大。出版社一把手要高度重视，对所有相关使用人员都要进行培训，培训内容包括意义、功能，一直到最后的使用。

3. 要有一个坚强的团队往前推动

ERP 的业务流程涉及编辑、印务、发行、储运、财务等各个部门和环节，要由社长（董事长、总经理）牵头，由总编辑、副总编辑、总编室主任、出版印务部主任、营销发行部主任、财务部主任、信息中心主任组成一个有力的团队，共同配合，完成这一工作。

4. 做好调研，选择合适的建设方式

ERP 是高度个性化的，各个出版企业风格不同，建设 ERP 的方式也不同，不要迷信同行。各个出版社的情况不一样，所以 ERP 也不是能百分百适合出版社的要求，也需要调研分析、同类软件企业选择、社内各部门需求分析、软件开发、数据导入和调试运营。不能急于上 ERP，而是要做好调研，在调研基础上做好规划。各出版社的技术条件不同，ERP 软件的来源也不同，

一是完全购买成品，二是与开发企业合作完成，三是出版社完全自主开发。三条道路各有优缺点，第一条道路相对简单，但各社间差异大，软件个性化不够，使用中会觉得不方便。第三条完全适合自己的社情，会很方便，知根知底，适用于化学工业出版社、电子工业出版社、厦门大学出版社等有技术实力的出版社。第二条道路，利弊也在二者之间。

不管哪一种方式，ERP 建设都是一场没有终止的工作，不是所谓的软件上线后就万事大吉的“交钥匙工程”，要根据企业和市场情况，不断进行调整更新。例如，在流程管理中，增加内容存储和提取的功能，以及数字资源管理功能等。

5. 选择好的合作伙伴

如何确定外包建设，要选择好的技术合作伙伴，开发一款适合自己出版社的 ERP 软件。SAP、用友等企业的 ERP 软件较为成熟，这些通用的 ERP 软件，制造业和服务业企业都适用。例如，用友软件公司的 NC 出版行业解决方案在出版传媒行业有不少成功用户。用友的出版行业解决方案主打“资源协同、精细管控”，核心策略是行业化，提供编务、印制、发行、财务一体化的出版集团整体 ERP 产品。例如，上海世纪出版集团公司用的就是用友 NC。

不过，出版企业也不一定用这些通用的 ERP 产品。这是因为，广大中小型出版社没有哪家能像出版集团那样出那么多的品种。而且出版社还有一个特点，周期特别长，从选题申报开始，到最后书款回收，大概要二三年。最根本的，是出版社企业化程度不够高，做不到完全按现代企业标准那样进行管理。所以，出版企业还需要适合于自己的出版业 ERP 系统。

例如，目前，云因公司、平章公司和海思科公司等，都在出版 ERP 软件开发方面做了大量的工作，被许多出版社所采用。云因出版 ERP 系统全面实现对出版社生产、销售、财务、服务、电子商务、资源管理的一体化、流程化管理，能与数字出版对接。平章 ERP 系统由社务综合管理系统、编务综合管理系统、编辑管理系统、印务管理系统、发行管理系统、财务控制管理系统、物流配送管理系统七大业务分系统构成，支持自费出版、音像出版和电子书经营。海思科公司的 ERP 系统架构为纯 B/S 架构，支持远程在家办公，客户端支持多系统使用如 Win XP、Win7、Win8、Mac OS，支持多终端如电脑、平板、手机，支持简体、繁体中文等语种，管理人员可以实现自定义业务流程，系统可以部署在云平台上。另外，业内还有科迪通公司等出版 ERP

开发企业，也都各有千秋。

出版社转企改制情况不同，中小出版社和出版集团不同，图书出版社和音像电子出版社不同，信息化建设程度的高低也不同，应考虑不同的软件。例如，集团级信息的集中化管理，各出版社、出版社的图书编辑、排版、印刷部门、发行部门和物流部门共用一个数据库，并且各单位的数据完全隔离，可以独立运作等。

三、目前出版业 ERP 中存在的问题

1. 信息不能共享

出版业内信息化建设总体都在推进，但存在问题也很多。除了出版社，新华书店、民营企业都在搞互联互通，而不是信息孤岛。新华书店的一网通项目没有了下文。重庆一家企业也在搞同类的项目。但现实中，我们仍然没有一个全行业共同使用的信息化平台，仍是信息孤岛。比如出版行业出版物数据库建设至今仍存在严重问题。就连基础的书目信息都无法共享，大家都在重复建设。其实，这完全可以由政府出资，招标委托民间公司处理。由于出版行业信息交换的中国出版物在线信息交换（CNONIX）标准已经出台，而且新闻出版广电总局的信息中心正在进行此方面的工作，希望出版社要多加以关注。

2. 只考虑流程而没有考虑信息的集成

出版社不是信息孤岛，要考虑到与下游的对接，要考虑到标准化，能实现数字资源的对接。多年来，只考虑了 ERP，没有考虑与社内外信息的集成，互联互通，这是许多出版社上 ERP 之后的重大遗憾。没有想到与 OA、网站、数字出版资源、下游客户等的配合对接。借助上 ERP 的过程，建立与 OA、出版社官方网站、出版社的发行伙伴如京东、当当、亚马逊等的配合对接。跟当当、京东、亚马逊等对接，要用相应的标准，信息化建设标准对出版社开发 ERP 来说也是很现实的问题。出版社要事先考虑到。不然，就不利于把发行业务、营销业务、生产经营、管理思想彻底落实成 ERP 流程，效果真正落实到实处。

3. 没有考虑到数字出版

现在，出版社上 ERP 和使用 ERP，不光是流程管理，还要考虑到资源管理，可以随时调出图书的内容数据，包括封面、文前页、正文、插图、甚至音频和视频等。在这些内容的基础上，出版企业可以建设各种类型的数字内容资源库，便于下一步的数字出版工作。因此，ERP 要与数字出版的工作紧密结合。

4. 未能考虑与出版、发行、行政主管部门一起推进信息化

出版产业要发展，书业要做大做强，除了好的产品和营销，行业信息化也必不可少。出版企业内部信息化建设 ERP 还远远不够，行业信息化建设更重要。这个需要出版产业管理部门对出版行业的信息化进行调研和评估，建立一个图书出版发行行业的信息标准化平台。如果有了这一平台，出版社和书店的系统能够完全对接，出版社发货时就一书一单，书店一书一对结账，可以实现将发货、债权、销售、退货、回款明确到每一本书上，那么对于日后出版社的对账、未来销售计划、编辑部出书方向等等都是大有好处的。

当然，这不仅是出版社信息化问题，还涉及出版产业规则，发行集团管理改革，书店销售规范，寄销制度等。但只要行政主管部门、技术研发部门和出版、发行业企业共同努力，以信息化为基础进行推动，这些都是有希望改变的。

原载：《科学传播与出版研究》2016 年第 12 期

科技图书的品牌策略

我们知道，可口可乐、耐克、IBM、奔驰等企业的产品，通过强大的品牌影响力，在世界各地攻城略地，获取了非常高的市场份额，赢得了超高的商业利润，令人羡慕不已，其实，这些产品的生产地和生产厂，往往是在第三世界某地，由那里的厂家进行贴牌生产甚至设计（即 OEM、OED）的，但价格则高出了原厂家本地产品的几倍、几十倍。这就体现了品牌的强大力量。

图书乃至科技图书的品牌情况又是如何呢？

图书品牌的要素、重要性及现状

在当前竞争激烈的图书市场上，出版社必须要具有自己的品牌，并使这一品牌被广大读者和市场销售商认可，出版社才能更好地生存，进而才谈得上发展。

一般来说，品牌并不是指商标标识，而是一个企业的产品或服务外在质量与内在品质的体现，能与其他企业的同类产品或服务相区别，它能代表公众的接受程度和读者的认可程度。

品牌图书的要素，一般包括较优秀的作者、较高水平的内容、较适合的版式和装帧形式、较高的编校和印刷质量，还要有较高的传媒影响力和公众认知度。例如，商务印书馆出版的《新华字典》《现代汉语词典》等在汉语词典中就具有明显的品牌优势，是学生、老师、家长的首选工具书。

图书品牌的重要性在于它不仅能极大地影响一家出版社的市场份额，甚至可以决定出版社的地位和存在价值。一些大型、老牌出版社，例如商务印书馆、外国语教学与研究出版社（外研社）等，通过多年辛勤耕耘，通过一系列优秀的图书产品，在读者心中已树立了良好的品牌形象。读者购买工具书、外语书等参考书，往往会直接选择这些出版社的图书。

但是，由于当前出版业的市场化程度还不够高，出版社的品牌还不够明显，广大读者基本上仍是通过图书的文字内容来选择图书产品，而不是通过品牌来直接选择某社的书。因此，在我国大陆的560多家出版社中，大家还是在内容上拼，靠品种多取胜，品牌价值没有得到充分体现，图书的品牌策略尚未得到广大出版社的重视。

科技图书品牌建立的特点

图书属于弱品牌属性的商品，与耐用消费品和快速消费品不同，它是由内容来决定的。在科技图书的品牌方面，则更有着自己的特色。具体来说，一是科技图书的核心在于内容，而内容是专业读者可以辨别的，翻阅即能判断其价值，因此它属于非常弱品牌属性的商品，二是科技图书的专业性较强，属于分众（科技人员）中的小众（某一专业科技人员）产品，知名度（即公众的认知度）难以建立，三是科技图书的生产依赖于高水平的专业作者，而不是出版社。图书作者因其自身的权威性和知名度，不可能被某家出版社垄断，而是专门为某家出版社写书。因此，读者对科技图书品牌的美誉度和忠诚度是因作者而异，绝非因出版社而异。这正是科技图书品牌难以确立的关键。

尽管科技图书整体树立品牌的难度较大，但也并非绝对不能。一要精细策划选题，吸引并选择高水平的权威作者，推出一系列富有特色的、高质量的图书；二要通过细分市场的规模优势扩大影响，逐渐吸引作者和读者的注意，在经销商中建立良好口碑；三要通过专业媒体进行宣传，先声夺人，在分众市场提高知名度和美誉度，逐渐巩固自己的特色，使读者产生一定的忠诚度，进而树立起品牌。

如，北京科学技术出版社的眼科图书出版，就充分利用了首都北京专家学者集中的优势，通过多年积累下来的人脉和热心周到的服务，推出了一批学术价值较高、内容质量上乘、印刷装帧精美的优秀眼科专著，如《复杂病例白内障手术学》《同仁眼外伤手术治疗学》《青光眼》《实用综合验光仪技术》等，受到了医学界读者的广泛欢迎。同时，该社还十分注重利用多种媒体、多种渠道进行图书的宣传与推广，并派编辑参加眼科学术会议，一方面了解学科前沿动态，另一方面向专业人员介绍图书。通过这些工作，北科社眼科图书逐渐在这一细分市场上产生了一定的影响。据开卷图书市场研究所的统计，该社眼科图书已进入了眼科图书市场占有率的前三名。

电子工业出版社的计算机图书板块、辽宁科学技术出版社的建筑图书板块等，也是采用了在细分板块进行品牌打造的战略，并都取得了不俗的市场效果。

科技图书品牌建立的新尝试——图书系列化

近年来，许多出版社在科技图书品牌构建上做过一些新的尝试，方法之一，就是图书产品的系列化。也就是说，通过某一系列图书，不断强化该系列图书的知名度和影响力，从而在读者中树立品牌。

成系列地推出某一作者的某一类图书，有利于强化作者的知名度，扩大影响，积累效应明显。如果按一定周期推出后续产品，在先期产品有吸引力的情况下，还能增加书店和读者的期待，像房地产开发商“捂盘”一样，通过“饥饿效应”扩大影响和销售量。这一系列图书被市场销售商和顾客认可后，图书系列品牌就能建立起来。如：大众畅销图书《哈利·波特》的品牌，就采用了系列图书建立的方式，从“哈一”到“哈七”，知名度、美誉度直线上升，在少年儿童读者中牢牢树立了忠诚度。在科技图书品牌的创立中，我们大可进行借鉴。

原载：《科技智囊》2008 年第 5 期

02

第二部分

编辑视点

大众医学图书：细策划贴近市场 新理念催生热潮

2006年，大众医学图书持续走高、热点不断，经常登上生活类图书排行榜。而且，非专业医学类出版社纷纷进入这一领域，希望分得这一图书市场中难得的“蛋糕”。究其原因，除了健康长寿是人们的永恒追求外，出版内容、作者和形式的不断创新，应是其关键因素。

一、不断推出养生保健的新理念

这些理念颠覆了人们以前固有的观念，从而不断引发图书销售热潮。例如，花城出版社《人体使用手册》不但书名较为另类，吸引读者，而且还提出了一种与西医完全不同的中医健康观念。

又如知识出版社的《无毒一身轻》则提出“排毒”与健康的新理念以及独特的实际操作手法。同样，漓江出版社的《饮食决定健康》、吉林文史出版社的《水是最好的药》、天津教育出版社的《食物是最好的医药》也提出了并非当前医学主流的养生保健新观念，给人耳目一新的感觉。

还有，燕山出版社的《别让不懂营养的医生害了你》、中国轻工业出版社的《医生不会告诉你的防癌情报》，也都是提出了与现代医学截然不同的新观点，从而在市场上表现不俗。

二、不断推出适合细分读者群的图书

比如，今年上榜的养生保健图书，已经细分为“40岁”（面向职场中年人的《40岁登上健康快车》）、“50岁”（面向中老年人士的《50岁登上健康快车》）、“60岁”（面向已退休人士的《60岁登上健康快车》）、“100岁”（面向高龄老年人的《洪昭光健康新观念——健康快乐活百年》)。

此外，大众医学图书还从性别上对读者进行了细分，如北京著名养生机构——孔伯华养生医馆，就以《女性养生堂——孔伯华养生医馆专家谈养生》细分出女性读者，《男性养生堂——孔伯华养生医馆专家谈养生》细分出男性读者。有的出版社还推出了《男性人体使用手册》和《女性人体使用手册》。如此一来，不同年龄和性别的人们都可以找到适合自己的养生保健读物，从而做大了市场。

三、“另类作者”的加入

“另类作者”，即非专业医学作者参与图书创作。两三年之前，大众医学图书的作者主体还是权威专家，比如北京出版社的《登上健康快车》，作者就是著名医学教授洪昭光。而今年，大众医学图书的作者则发生了重大变化。

以前出版社开发大众健康图书的流程，基本上走不出专业医学人士的圈子，首先是选择知名医学专家进行选题策划，组稿则请这些专家进行原创。但是，专家作者大多都工作繁忙，很难专门抽出时间为出版社创作，由于过于专业，也较难写出内容通俗、充满趣味的大众医学图书。这在客观上就需要文笔好、了解读者阅读需求的非医学作者的参与，成就“二合一”型的创作方式。

例如，北京科学技术出版社出版的《风起云飞——健康从心开始》，由北京大学医学部第六医院的专业医生和科普作家赵仲龙先生共同创作，以确保图书的科学性和可读性。还有，医学教授洪昭光也与作家苏叔阳共同撰写《感悟健康》一书，并在人民卫生出版社出版。

另外，懂书又懂读者的人士，如个别商务人士、励志书作者中的中医爱好者，他们凭着多年的写作经验，也逐渐成为大众医学图书的作者，如中里巴人等。这就给大众医学图书的编写出版队伍注入了新鲜血液，使这类图书的面貌焕然一新，出版运作更加贴近市场，从而吸引了更多的读者。

四、经过“深度策划”

经过“深度策划”的大众医学图书更加注意细节。与此前相比，图书从内容和形式上更贴近读者，可操作性更强。

例如，青岛出版社出版并推出了生活类图书榜上有名的《细节决定健康》，既没有标新立异的新理念，也没有明星专家当作者，但是，这本发行量超过 10 万册的图书，以其贴近读者的编写方式、丰富的内容、人性化的文字表达，受到了读者的欢迎。

临近岁末，2006 年即将过去。展望新的一年，笔者认为，如果有独特的新理念且内容形式符合大众需求的大众医学图书被推出，仍会有良好的市场表现；相反，如果内容同质化、简单跟风、粗制滥造，讲一些人所共知的道理，则只能销售平平，激不起读者的兴趣。值得一提的是，从大众医学图书排行榜和社会热点来看，专业医学类出版社并没有表现出特别大的优势，当然，我们也期待着，专业医学出版社在 2007 年能够扬长避短，借鉴他社成功经验，在新的一年推出深受读者欢迎的大众医学类优秀市场图书。

原载：《中国图书商报》2006-12-29

众社“分食”卫生资格考试书

每年4月份，无疑是参加全国卫生专业技术资格考试人员最为紧张的日子，因为一个多月之后，他们就要走进考场了。但这些年，紧张的不仅是考生，还有出版该考试图书的出版社。尤其是2003年以来，卫生部组织的护士执业考试也并入其中，至今该考试分初级、中级共112个专业，报考人数日渐增多且较稳定，而且国家只统一考试大纲，教材版本不限，考试辅导、习题更没有指定版本，因此引发不少出版社无尽的遐想，纷纷参与争抢这块“蛋糕”。

据不完全统计，市场上常见的已有几十家出版社介入了此类图书出版，既有医学专业出版社，如人卫社、人民军医社、协和医科大社、北大医学社、中医药社、医药科技社、军事医学科学社、第二军医大社、第四军医大社等，也有科技出版社，如科技文献社、科学社、北京科技社、湖南科技社、上海科技社等，甚至还有新军——非传统的医学类出版社，如化工社、清华社、新世界社等也介入其中。

形式各异主推权威

目前，各家所出各类全国卫生专业技术资格考试用书也已全部登场，而且因报考专业多达112个，涉及临床医师、临床助理医师、中医师、中医助理医师、公卫医师、公卫助理医师、口腔医师、口腔助理医师、执业药师、执业助理药师、中西医结合医师、护理（士、师）等多个职业资格，各社可介入此类图书的空间很大。除个别出版社只出版其中市场份额较大的几种外，大多则基本出齐或者正朝出齐的方向发展，并从笔试、实践技能两个层面展开，内容包括重点分析、要点精解、应试指导、效果检查、复习题集、全真模拟试题及答案等。

就拿人卫社来说，此次新出的由全国卫生专业技术资格考试专家委员会组织编写的《2007 全国卫生专业技术资格考试指导》，就多达 42 个分册，除新增了“心理治疗学”和“病案信息技术”两个分册外，还对其他分册进行了重新编写和较大改动，每册还附赠考试大纲。北京科技社自 2001 年出版此类图书以来，品种也是逐年增加，目前已形成了一个覆盖执业医师、助理医师、药师、中医师、护师（士）、口腔、公卫、中西医结合等全国卫生专业技术资格考试的多品种产品线。而军事医学科学社作为此类资格考试图书出版的“后来者”，发展也很快，该社 2005 年首次出版临床执业和临床助理执业医师考试用书，2006 年出版数量增长到 6 个专业 10 个品种，2007 年则将各专业全部出版齐全。

有意思的是，几乎所有的出版社都一致强调自身产品的权威性，或借用权威作者，或强调专家编写，或提示权威机构推荐，这或许也是众多考试图书的惯用招数。比如人卫社，除突出图书由全国卫生专业技术资格考试专家委员会编写外，还强调其“紧扣 2007 年考试大纲中的具体要求，参考国内外权威著作，将考试大纲中的各知识点与学科的系统性紧密结合”。北大医学社此次则表示其受卫生部国家医学考试中心的委托，依据考试大纲对《国家执业医师资格考试临床（口腔、公卫）助理医师应试指导》系列书进行了更新与补充，出版了第二版的修订本。相似地，协和医大社大打“国家医学考试中心推荐用书”牌，中医药社强调作者是“国家中医药管理局专业技术资格考试专家委员会委员”，军事医学社强调以历年真题为核心，同时借“《医考路漫漫》被各大医学网站转载”提升主编辅导经验形象。

此外，有出版社在考试图书的装帧形式上也动了一番脑筋。如北京科技社除采用 16 开、32 开等形式外，还有横 16 开试卷袋形式，甚至还有扑克牌形式，考生可将各种题目分拆，正面是习题，背面是答案及解析，方便携带，反复强化复习，以满足读者边工作边准备复习应试的实际需求。军事医学科学社也出于携带方便的考虑，帮助考生克服工作与学习间的矛盾，以小 32 窄开形式装订，并以真试卷的装订和包装方式配赠考生 3~4 套仿真试卷。

争抢先机价格下浮

值得一提的是，为了抢得市场先机，各出版社除在渠道拓展上下功夫外，如积极拓宽新华书店之外的卫生系统、医药专业书店和网上书店等销售渠道，此类图书的出书时间也越来越往前提。本来是五六月份的考试，以前大多在 4

月出版即可，但现在出版社争相提前出书时间，从每年4月不断前移到3月、2月、1月，甚至提前到前一年的12月，因此此类图书实际在前一年度就已陆续上市。可尽管图书早产，但从版权页上的时间来看，标注的出版日期却是当年，大有“先有孩子，晚报出生证生日”之嫌。

同时，因为竞争者众多，并陆续有新进入者，后来的出版社为了挤占一定市场份额，就在定价上做起了文章，靠让利取悦读者。比如市面上大多出版社都定价110多元的产品，某社同样印张数的产品就只标价90多元。而且除了降价，还附加不少增值服务，现在还发展到出版社联合销售商，购书赠送充值卡。如广东某新华书店就联合四家出版社，对于购买北大医学社、人卫社、协和医科大社、北京科技社出版的“执业医师、助理医师、执业药师、护士／护师／主管护师”系列辅导丛书，可获赠学习卡一张。学员凭获赠的学习卡在“医学书店”丛书专区注册网校学员代码、充值后，即可享受20元网校学习费用的超值服务。

此外，除了纸质图书，还附送CD-ROM或VCD光盘等多媒体产品，特别是自2007年度起，卫生专业技术资格考试专业代码为026至083（含）各专业“专业知识”和“专业实践能力”两个科目的考试，将改用人机对话的方式进行机考，因此有的出版社也开始附赠可用于家庭电脑操作的模拟题判卷。如《国家临床执业医师资格考试应试宝典》就附有专门开发的多媒体光盘，有海量题库，可按需组卷。读者做完模拟答卷后，电脑即可自动判卷并给出解析。对于答错的题，电脑还能显示出来，可以让读者再做一遍。

在此基础上，有出版社还利用网站论坛加强与读者互动，推出一些2006年执业医师考试成败经验大家谈，并及时更新考试信息和动态内容，包括购买正版书可进行网上勘误等。

原载：《中国图书商报》2007-4-27

宠物图书：注重情感与审美

近年来，宠物图书市场逐渐发生了不小的转变。从科学到人文，从知识到情感，从物质到精神，从操作技能到审美愉悦，形式上则从说明文到散文随笔。

以前的宠物书基本上是进行宠物的分类、生理、习性、喂养、驯练、疾病治疗方面的科学技术普及工作，较强调知识传播和操作技能训练，或者加一些图片供赏析。这种宠物科普书，内容、形式的同质化都十分严重，可替换程度较高，不管是常见的宠物猫、狗还是热带鱼、龟等小宠物，基本类似。这类宠物书的动销品种有 300 多种，并以国内组稿编著为主。

近来的宠物书，则发生了一个较大的变化，更为注重爱、情感、审美娱悦，注重读者与作者的思想共鸣，注重精神享受，注意人与宠物之间互相尊重的平等关系，对生命的尊重与敬畏。在写作形式上，则从说明文变为优美的散文、随笔。在书店的分类上，基本上为文艺、散文随笔、中国当代作品。从宠物类型上看，养猫的图书数量较多些。

这些人文宠物图书的个性化明显，可替换程度较低。这些书境外版权、国内组稿均有，而且后者数量还有增加的趋势。这些书以前基本由文艺类出版社出版，现在也有其他类出版社涉足，包括科技类出版社。人文宠物图书受众面广，不是养宠人也愿意阅读。因此，写作水平较高，文笔优美且能打动人的图书的发行量较大。例如，《再见了，可鲁》有几十万的发行量。《他来过我的世界》《你是不会说话的人》也都有数万的发行量。

下面就举几个人文类宠物新书的例子：《我的宠物我的宝贝》和《你的世界我最懂》等几本。

《我的宠物我的宝贝——宠物真情物语》一书，是北京科学技术出版社于 2006 年 7 月引进版权，由大都市文化编辑室编写的。该书集结了一篇篇饲主与宠物宝贝间触人心弦的故事，从简单平凡中体验生命、珍惜所有，并愿与每位喜爱、想爱、愿意爱宠物的朋友一同分享这份感动。书中介绍了狗狗、猫猫、黄金鼠、迷你猪等宠物与主人的亲密关系和丰富的情感，主人因为宠物，日子如何变得鲜活明亮了起来。书中每一份真情都令人感动，每一份宠爱都温暖人心。据调查，此书销售得不错。

《你的世界我最懂——细述我的猫咪情缘》一书，由中国民航出版社2006年9月出版。这是一本由养猫、爱猫、多年来积极投身于流浪小动物救助活动的公益人士撰写的书。它更像是一部心情日记，一张情感素描，记录了作者与猫咪共同书写的一段段情缘故事。书中讲述了作者与宠物猫咪的生活点滴，欢笑、烦恼、与泪水浸润其中，于细节中流露出作者对这个弱小生命的责任与承诺；每个流浪的猫咪都是一个天使，它们身世或许凄凉，但依然有尊严地游走在寻常巷陌，书中描写了作者在参与流浪猫救助过程中，面对这些生命精灵的行动与感悟；同时，作者也站在猫咪等一些弱小动物的角度，诉说生命权利的不容侵犯、动物福利立法工作的刻不容缓等在当今能引起较大共鸣的社会话题，向人们解读加强生命教育的意义。此书作者是宠物论坛的版主，一些内容曾在网站上贴出过，深受网友的好评，拥有一定的粉丝。猫友得知此书已经出版，在相关宠物网站及时发贴推荐，因此，此书除了在大卖场销售表现不俗外，还被一些网站的网友团购，一些动物保护机构还对此书组织了签售义卖活动。

《猎人们》，台湾作家朱天心著，生活·读书·新知三联书店2006年10月出版。本书虽是散文随笔集，但作家用情更深，在她自己的人生与时间中的刻凿痕迹也就越深。在本书九篇作品中，作家述写自己与屋里屋外、可见的与不可见的生活领域里众猫族的邂逅与相处，她给它们自由，却赚得了羁绊；对它们的生命尊之重之，自己的生命也得到丰富。在作者的笔下，猫已经不是宠物、不是朱家男女老少的玩偶，而是一群独立自在的主体，各逞其能在人类支配的环境里寻找空隙，争取一份存活的空间。这种视猫为自由主体的猫书，应该与人类英雄的传记归于同一类文体。

《一位美籍华人与她的一百多只猫》。猫向来是人类的好朋友，文人爱猫养猫更不乏美谈。本书中，刘於蓉用优美亲切的文笔记录下她的庞大的宠物家族中每个成员的出身来历，脾气秉性，兴趣爱好，以及她和家人同它们的深厚感情，及无私付出，将养猫的辛苦，养猫的乐趣，养猫的感受，表现得淋漓尽致。爱猫族不可不读。

《情趣生活——花鸟虫鱼100期精选》由曹正文主编，上海科学技术文献出版社2007年1月出版。书的内容均来自《新民晚报》的花鸟鱼虫栏目。每个故事都很感人，都是只有亲身经历养花、养鸟和养小动物的人才有第一手的体验。不管是灰猫的爱情生活，会捉蟹的狗，还是膝上黄狸一世情等，都真实再现了人与动物间的种种情缘。

另外，还有中国轻工业出版社出版的《牛猫加菲 2》，由网上人气较高的作家左刀刀撰写，图文并茂。

此类图书，现在已受到读者的欢迎。笔者估计，随着社会的发展，人对情感的诉求会不断增加，以后将会有更多人文类宠物图书出版。

原载：《科学时报》2007-5-10

科普图书如何既叫好又叫座

与大众财经类、青春文学类、励志 / 自助类、时尚生活类不同，科普类图书中畅销的很少。许多科普图书叫好不叫座。一些科普图书在基金资助下得以出版，但即使有资助，也只能使图书不赔钱，出版社还是难以取得经济效益。

科普图书为何难以取得良好经济效益呢？下面我们从营销的角度——产品、顾客、定价、渠道和宣传这几个方面对此来进行简单分析。

科普图书为什么叫好不叫座？

1. 读者：科普书主要分为中小学生和成年人两大类。前者要升学应付考试，多数情况下会买教辅书；后者因生活和工作原因，没有时间且认为自己无需科普，爱读实用类或时尚类畅销书。

2. 内容：多为自然科学、基础科学或应用科学类知识科普。缺乏趣味性、时尚性、审美性、猎奇性，有些文化性不足。似乎科普图书在理念上基本沿袭过去知识科普的路子，没能适应读者已经变化了的阅读需求。

3. 形式：呆板、单调、陈旧，平铺直叙。几十年一贯制，彩色图片少，纸张、版式不当，居高临下——作者单方面被“好为人师”式的单向灌输，未能强调时尚感和娱乐性。

4. 作者：人员老化、后继乏人。青年科学家无时间进行创作，老一代的科普作者对于 Z 世代中成长的爱好卡通、动漫的青少年读者心理需求缺乏了解，一些出版社只能引进外版科普图书。

5. 稿费：偏低，故原创少，重复改写多。

6. 出版社：相关一部分出版社观念陈旧，缺乏商业运作手段。不注重宣传和营销，在市场启动方面不下功夫，更舍不得投资。

7. 社会：社会转型期，经济尚未发展到一定水平，读者群尚未形成。

值得说明的是，科普图书叫好不叫座，叫好的是专家，并不是真正的购书人和读者。读者心理和专家的阅读取向有差距。

有的科普图书为何既叫好又叫座?

案例：湖南科技出版社的《时间简史》和《果壳中的宇宙》。

《时间简史》自问世以来，全球发行超过千万册，中文版销量也有几十万册，是一本较为成功的科普图书。近年来,《时间简史》中文版的出版者湖南科学技术出版社又相继推出了《时间简史（10 年增订版)》《时间简史（插图本)》《果壳中的宇宙》等作品，使持续十余年的“霍金热”进一步升温，特别是《果壳中的宇宙》一书于 2002 年年初问世，不足半年便销售数万册，成绩令人歆羡。《时间简史（插图本)》居畅销书排行榜第 14 名、《果壳中的宇宙》居畅销书排行榜第 27 名、《时间简史——从大爆炸到黑洞》居畅销书排行榜第 29 名。

这些书成功的原因是什么?

1.《果壳中的宇宙》讲述的是高深难懂的学问，其畅销很大程度上要归于名人效应，而湖南科技出版社的营销工作也可圈可点。发掘霍金特殊的人生经历，开动传媒资源进行热炒。媒体对霍金一拨一拨的宣传，使其成为当今家喻户晓的科学明星。

2. 注意产品线的建立，一次投入，多次收益。出版社持续跟踪霍金新作的推出,《果壳中的宇宙》实现了全球各种译本同步出版。《时间简史》出了文字本和插图本等。

3. 出版社进行各种高超的市场运作，如邀请霍金来中国等，以形成一种“电磁场”。在“电磁场”的作用下，公众去追逐霍金，去愿意拥有《时间简史》。公众从《时间简史》中“学”到的主要不是物理学知识，而是科学家的精神、情感、旨趣、态度和价值观，从这个意义上说,《时间简史》是一部真正成功的科普作品。

4. 出版社又辅以有奖销售等促销手段,《果壳中的宇宙》的热销确实不是偶然的。

选题论证，注意把握卖点。新闻性，传奇性，引起关注，吸引眼球。

准确把握良好的读者群定位。面向中小学生，以及教科文化界、企业白领、大学师生及科研人员等。

作者的知名度的借助和推广，如突出宣传作者的传奇性。

总之，传媒和市场的立体化运作成为科普作品成功表达的要素。很多情况下科普不到位常常是市场不到位。如选题的市场卖点定位、读者群定位、作者知名度高低等。

科普图书怎样既叫好又叫座？

策划出版科普图书，我们应注意以下几点。

1. 科普的观念。要转变观念，应首先从出版社的领导和编辑开始。从小科普到大科普，强调科学文化性，强调人文性、审美体验和作者读者的互动性。

近几年来，科普的观念出现了较大的变化，以前说到科普，主要是灌输讲解式的科学知识普及，但现在更需要的是“公众理解科学”“科学传播”的说法，强调科学家（或专家）与公众的平等、双向对话。强调交流科学精神、科学思想、科学方法、科学的社会作用；强调科普的文化性、娱乐性、时尚性、探奇性、情感、审美、体验性。像《国家地理杂志》《探索》等，娱乐性、可视性的特点非常突出；像一些优秀的科普书，如2002年销售非常火爆的《我的野生动物朋友》，作者蒂皮是一个10岁的小女孩，其中的科学知识不多，但其优美的图片，从字里行间里流露出来的情感，很好地体现了生态环保科学方面的内容，十分自然地与读者进行了个性化的沟通。

2. 读者定位。传统科普图书的对象除了中小学生外（要特别注意趣味性），还要开发中端科普市场，定位于社会中受过高等教育的白领阶层，把目前科学领域里最前沿的东西，用适应其阅读心理的形式介绍给他们，公司白领们不会不接受。白领阶层是新涌现的一个科普阅读群体，广大高新科技企业的人员、文化传媒企业的人员、金融财经行业等领域的从业者，还有很多喜欢新事物、收入不错的年轻人，对科技发展都有一定程度的了解需求。这就是从所谓的“初级科普”扩展到“中级科普”。

科普的对象不应是小众，而应是大众，只是不同的人群，要读不同的科普图书而已。科学家也需要科普，如他所研究范围之外的科学进展、科学思想、科学的社会影响等。对他们适用的科普图书，即“高级科普”。

3. 科普的内容。由已知的科学技术知识类，转向科学的最新发现，探索人类的命运，与社会重大问题相关的科学技术问题，自然科学、社会科学的交叉科学问题，等等。如人与自然、宇宙、生命、环境、文明、智慧、奇观、未解之谜等。此外，内容要有独创性，不能人云亦云。

科普的内容，也可以从自然科学适当转向社会科学，如管理、心理、经济等科学的普及。可以让读者用最短的时间了解最基本的知识，此类图书市场是不错的。中信出版社的经济学、管理学等普及性图书就是一个成功的典型。

4. 运作模式。建立读者——市场——编辑——选题这一畅销书运作模式。要把握新闻卖点，注意宣传推广和全程营销。注意加大宣传推广资金的投入。

5. 媒体互动。科普的内容，可以通过报纸、网站、DVD、电影、电视等多种方式传播。图书与其他媒体互动。如美国的《国家自然地理》《探索》《美丽的心灵》等，都有平面印刷形式和电子媒体形式。

同时，还应通过适当的宣传媒介，将图书内容信息传递给目标受众，使之知道这些科普图书，以促进图书的销售。

6. 人物或事件的选取。选取知名人物、传奇性人物为叙述主体。如纳什、霍金等。选取神舟五号发射、嫦娥一号发射等重大科学事件为图书内容。

7. 作者与稿酬。注意培养和包装作者，尤其是中青年作者。稿费要优质优价。可以给作者较高的版税，不采取字数稿酬。

8. 渠道建议。建立专门的销售渠道，如全国各地的中小学图书馆、图书室、青少年科技馆、校外活动中心等。

9. 注意细节。书名、封面装帧、插图、纸张材料、版式、文字风格等都要仔细研究，以使图书适合读者的需求。

10. 价格确定。对于受过高等教育、有较高的工资收入的白领而言，内容好、印装精美的图书，价位适当高些仍可接受。而面对中小学生的科普图书，定价应适当偏低。

科普出版需要贴近读者、融入市场

一、科普图书市场现状分析

随着科学事业的不断发展，人们对自然界的认识在不断深化，同时，科学在社会经济中的影响也越来越大，科教兴国已经成为我国的基本国策。为了满足科学普及教育的需求，科普类图书出版品种数量也在不断增加，呈现出一派繁荣的景象。国内原创科普作品推陈出新，引进版图书势头不减，经典科普作品持续热销。

如，科学出版社出版的“火蝴蝶文丛”包括《我们准备好了吗：幻想与现实中的科学》《面对可能的世界：科学的多元文化》《看得见的风景：博物学生存》《人天逍遥：从科学出发》《有限地球时代的怀疑论：未来的世界是垃圾做的吗》《喧嚣与凝视：透视转型期的科技政策与公共生活》等6本书，以散文的笔调娓娓道来，对科学的精神、功能、文化和社会作用由浅入深地进行了全面的说明。

还有，图书《你的世界我最懂》，作者菡月是一名环保志愿者和绿色生活提倡者，讲述了人与自然、人与动物的和谐关系，告诉了人们爱护动物，保护环境的道理。其中的科学知识不是很多，但其流畅的文字，优美的图片，从字里行间里流露出来的情感，很好地体现了生态环境科学与人文的结合，十分自然地实现了与读者进行个性化的心灵沟通。

令人欣喜的是，除了陈芳烈、金涛、王直华、李元、卞毓麟等宝刀不老的优秀科普作家外，新生代科普创作队伍也在崛起，如高校学者刘华杰、蒋劲松、田松、李侠，新闻媒体编辑记者尹传红等。

当然，就出版产业而言，科普图书出版中也存在一定问题。例如，与大众财经类、青春文学类、励志类、生活类不同，科普图书中社会反响较大，知名度高的畅销书数量不是很多。

二、如何策划科普图书选题和产品

科普图书选题和产品，应特别注意图书读者对象、内容主题、文字表述、产品形式、作者、内容等六大因素。其中的关键，是要让图书适应读者对象的需求。

一个好的科普图书，也应具备以上所说的这六个条件。

1. 读者对象：主要分为中小学生和成年人两大类。知识背景和读书时间不同。要了解E时代成长中的、接触了电游、卡通、动漫、短信、QQ族的青少年读者的心理需求，要注意通俗、简洁、有现代感，如加入动画漫画等；对于后者则要考虑到生活、工作原因，要贴近其工作、生活，尽量满足实用性，如在普及环境科学知识时，讲述如何在衣食住行等方面远离污染物的绿色生活实用技巧。

2. 内容主题：选择最为新鲜、贴近读者、与社会形势密切相关甚至成为热点的基础自然科学、应用科学、工程技术和交叉科学类知识。如载人航天、科技奥运、环境保护、食品安全、生物工程、网络与通信等。

3. 文字表述：不能居高临下，由作者单方面的居高临下的说教或“好为人师”式的单向灌输，不要平铺直叙，要注意趣味性、审美性、奇异性、文化性，尽量要有时尚感。如田松编著的科普图书《有限地球时代的怀疑论：未来的世界是垃圾做的吗》，没有一般科普图书干巴巴的知识性说教，而是有文化性和趣味性，可读性很强。

4. 产品形式：科普图书给人的感觉不要像科技专著，严肃有余，美观不足，要尽量有时尚感，贴近现代审美。封面装帧和正文版式不要呆板、单调，要增加彩色图片含量，纸张、版式要让人舒服。例如，北京出版社出版的《回望人类发明之中》一书，版式设计活泼，彩色图片丰富，就深受中小学生读者的喜欢。

5. 作者：选择知识性、科学性方面有保障、文字生动优美的复合型人才，如果达不到，则让两个人合作，双方多商议，让一个人为主创作，另一个人最后再进行加工修改润色，最好是名人或明星式作家。

6. 内容：对于科普图书的内容，也要有新的考虑。除了普及科学知识外，还应注意科学思想、科学方法、科学精神、科学文化等方面的传播普及。即使在科学知识普及方面，也应注意将由已知的传统科学技术知识，转向科学的最新发现，探索人类的命运，与社会重大问题相关的科学技术问题，自然科学、社会科学的交叉科学问题，等等。如人与自然、宇宙、生命、环境、文明、智慧、奇观、未解之谜，以及公共安全、地震等突发事件应对等。例如，北京科学技术出版社最近就出版了《节能减排全民读本》《农村应急避险手册》等图书。面对刚刚发生的四川汶川特大地震，一些出版社陆续出版了《地震科普丛书——漫话动物与地震》《地震伤急救》《抗震救灾自助手册——防震、避险、救助、卫生、防疫》《震区防疫手册》《灾后卫生防疫挂图》《传染病知识365问》《灾害心理救助》《灾后生活一本通》等科普图书，以及专门面对少年儿童的《地震求生记——我的第一本科学漫画书》，专门针对救灾志愿者的《抢险救灾志愿者常识》；等等。

出版社在进行图书选题和产品的论证时，可以用此六个方面的指标进行评价，分别打分，从1分至5分不等。

三、科普图书的市场化运作

通过努力，我们策划出了好的图书选题，生产出了图书产品，但这只是成功的一半，好产品还需要好的市场销售，才能实现马克思所说的从产品到商品的“惊险的一跃”。除了考虑读者对象和图书内容，我们在科普图书运作方面，更要多下功夫。编辑部门、市场部门和销售部门都要转变观念，采用商业化运作手段。如选题的市场卖点定位、读者群定位、作者知名度高低等。现在，我们就要使内容和形式更符合读者需求。我们注意宣传推广，在市场启动方面下大功夫。例如，采用传媒和市场的立体化运作，注意宣传推广和全程营销，通过一定的宣传媒介，将图书内容信息传递给目标受众，使之知道这些科普图书，以促进图书的销售。

四、科普图书出版的国际化视角

科普图书的出版，还需要有开放的视野，国际化的视角，能从全球获取科普图书资源。人类进入了21世纪和信息化时代，世界是平的，互联网缩短了人与人之间的距离。我们在策划科普图书选题后，既可选择国内优秀作者进行原创组稿，也可以引进海外版优秀科普图书。从目前情况来看，国外的现代科学技术总体上要高于我国，科学的大众化程度、科普书的市场化程度，也要好于我国，国内的科普水平与国外尚有一定的差距，因此，我们必须注意引进国外优秀科普书作为借鉴和补充。

许多出版社在此方面取得了不小的成就。例如，湖南科学技术出版社引进了著名物理学家霍金著的《时间简史》《果壳里的宇宙》，上海科学教育出版社引进了描写诺贝尔奖获得者纳什工作和生活的《美丽的心灵》等科普图书，就深受广大读者的欢迎。北京科学技术出版社则先后引进出版了绘画版《法布尔昆虫记》《穿越时空》《简单的科学》《YUPI 小百科》等优秀的少儿科普图书。这些图书贴近广大中小学生的生活，符合他们的思维方式，注重内容的新颖性和时代感，体现了科学与人文的结合，强调互动性，深受广大读者的好评。该社还将推出《深度探索之机器时代》(8本)、《知道更多(科技篇)》(6本)、《多奇妙科学百科》(4本)、《令孩子惊奇的科学童话》(7本)、《西顿动物记》(5本)等系列科普读物。相信这些科普图书将会受到读者的欢迎。

应予注意的是，尽管与社会科学图书不同，科学技术和科普图书内容有一定的普适性，意识形态程度不高，但是，在国外科普图书的选择、策划、翻译、出版上，还需要考虑到这方面的问题，要考虑到文化差异，考虑到中国读者的知识背景、心理和阅读习惯，要进行二次策划，要适当进行本土化处理，该注释的一定要加适当的注释，对于不符合我国法律法规的内容，进行必要的删除处理。

原载:《科技智囊》2008 年第 10 期(本文系与王藏合著)

漫说纸书出版是夕阳产业

这几年，数字出版风生水起，政府、技术商、电商平台、移动运营商等，都在向出版社大讲特讲数字出版，要求向数字出版转型，向出版社要图书的电子版，早上早获利，晚了就不优惠了……在图书出版工作中，如果没有提数字出版，就好像没面子。弄得老总们不知所为：不做吧，数字出版喊得山响；做吧，确实不知如何盈利。于是，把原来的信息中心换个牌子，就成了数字出版部。因为天天有人在唱衰纸书出版社，灌输着“数字出版是未来，纸书出版是夕阳产业”的论调。个别人甚至说，五六年（或七八年）之后纸书就消失了。

数字出版是未来，大抵是正确的，可纸书出版，就一定是夕阳产业么？这个恐怕未必。其实，“纸质图书出版是夕阳产业”是个伪命题。以前人们也说过制造业是夕阳产业，因为投资者越来越不看好制造业，认为附加值低。但现在来看，制造业仍然生机勃勃，是盈利的硬产业，尤其是先进制造、柔性制造，与IT手段结合后的制造业，不断吸收电子信息、计算机、机械、材料以及现代管理技术等方面的高新技术成果，并将这些先进制造技术综合应用于制造业产品的研发设计、生产制造、在线检测、营销服务和管理的全过程，实现优质、高效、低耗、清洁、灵活生产，实现了信息化、自动化、智能化、柔性化、生态化生产，取得了很好的经济、社会和市场效果，它仍然是朝阳产业，甚至是国民经济的支柱行业。纸质图书出版业，难道不会借鉴IT技术么？就我所知，国内已经开始采用二维码技术，读者将手机对准印在纸书上的二维码，读取上面的信息自动上网，从而获取音频、视频等更丰富的资讯。

还有，按需出版（POD）技术，也可以让读者从海量信息中查到自己需要的内容，将相关的内容加以印刷，整合成一部只有自己才需要的、独一无二的个性化图书。人们没有必要买那么多的图书，只要找到自己需要的部分就够了。人们读的，将是不同的纸质图书，这更能满足读者的需要了。

所以，不要以现在的纸书来看待未来的纸书，人云亦云很可怕。其实，世界上没有夕阳产业，只有夕阳技术。纸书出版既有自己的优势，当然也有自己的不足。图书产品的多元化，是社会发展的大趋势。纸书、电子书、PC、电子阅读器、智能手机、平板电脑等媒介形式都可以成为阅读的载体。读者群体不同，需求不同。不同的知识类型，也会选择不同的图书载体。浅阅读、碎片化的消遣读物，可以用手机为载体，随时随地打发时间；专业学术读物，可以用 PC 为载体，通过全文检索查阅文献；教育图书或儿童图书，有图像和声音，能动手参与，则可以平板电脑为载体。还有一些需要静下来不受打扰地阅读的读物，还是以纸质图书为载体更好。一间不大的书房，安静的阅览室，充满了文化氛围，一页页地读纸质书的感觉，与在上下班的路上读电子书的感觉，显然不同。没有 QQ、邮件、短信的打扰，没有杂乱的环境，可以全身心地投入阅读和思考。特别是对于有思想性的社科类图书和有深度的文学类图书，更是如此。这些编校质量优秀、印装精美、印量少、名人签名的图书，还是绝好的收藏品。而且，纸质图书不需要专门的播放器，自己就是独立的终端，内容与载体合一，不怕摔，不怕伤眼睛，还能看到读者自己的个性。

其实，未来的出版业，更可能是多种载体形式的并存，或叫全媒体出版，根据不同的读者和内容，推出不同载体的出版物，满足分众的需求。纸书的销量可能减少，但纸书出版产业不会消失。

电视的发明，并没有取代广播和电影，后者仍有自己的优势，有旺盛的生命力。互联网的推出，增加了人们阅读的载体，但也不会让纸书消失。载体只是一方面，优秀的内容更重要。

且莫说纸书出版是夕阳产业。

原载：《新华书目报》2012-10-18

回望2010年科技出版

2010年已经过去，我们进入了21世纪的第二个十年，回顾这一年，出版业发生了许多大事，如出版社由事业单位转制为有限公司，电子书市场由冷变热，都是人们关注的话题。同样，科技图书出版方面也有许多可圈可点之处，下面，笔者就一一给大家道来。

抗震救灾

2010年4月14日，青海玉树发生强烈地震，给人民生命财产带来了很大损失。为此，科技类出版社如人民卫生出版社、人民军医出版社、中国协和医科大学出版社、中国农业出版社等积极行动起来，紧急编写出版了许多抗震救灾方面的图书，既有面向伤者及家属的图书，也有面向医护人员的一系列图书，包括骨折、脊髓损伤、脑外伤、四肢损伤、泌尿系统损伤和心理创伤的治疗与康复的图书，如《地震伤残康复与护理》《高原卫生防护手册》《医学救援及自救互救》《生活应急救治妙法》《司机自救互救使用手册》《地震灾害医疗救援使用手册》，以及震后重建方面的图书等。

为了便于阅读理解，有的出版社还特意为挂图加了藏文，如人民军医出版社出版的《灾区传染病防控须知》等。

低碳

近年来天气异常，全球变暖，温室效应严重，给全人类带来了威胁，引起了各国的重视。2009年年底的哥本哈根会议以后，以低碳为中心的环境问题备受领导人、媒体和百姓的关注。低碳话题已经成为人们生活中的热词，出于市场敏感或者是有责任感的出版人，在2010年，低碳经济、低碳生活、低碳社会、低碳建筑、低碳城市、低碳战争、低碳阴谋等主题的图书不断出版，当当网在销的相关图书就有 100 多种，反映了出版社对低碳主题的重视。例如，中国环境科学出版社出版了《低碳生活——你可以选择的 80 种方式》，中国建工出版社出版了《低碳城市发展与对策措施研究——上海实证分析》，石油工业出版社出版了《低碳经济——中国用行动告诉哥本哈根》，化学工业出版社出版了《低碳战争：中国引领低碳世界》等。

食品安全

民以食为天，食品安全一直是人们关心的话题，2010 年更不例外。为此，出版社策划出版了食品安全方面的图书，不管是专业技术、管理方面还是生活科普方面。专业的比如化学工业出版社《食品添加剂安全使用指南》、中国物资出版社《中国食品安全规划改革研究》、中国民主法制出版社《食品安全法律法规手册》；科普的比如中国经济出版社《吃什么才安全》、人民军医出版社《我们在吃什么：解读食品营养与安全》、中国民主法制出版社《吃有吃法》等。

“三农”图书

中国是个农业大国，“三农”问题是党和政府高度重视的问题。为了搞好农家书屋工程建设，许多出版社情系农民，始终坚持服务“三农”的正确方向，不少出版社利用政府的农家书屋政策，出版了不少“三农”图书。2010 年，“三农”图书的出版成绩斐然。

农家书屋图书价格低，内容很丰富，不仅有传统的农业技术，还有通俗文学、法律维权、健康、农产品及手工艺品生产和经营等方面的图书，以及为外出务工人员服务的图书等。特别是农业类出版社和各省市区的地方科技出版社，出版这方面的图书较多。例如，针对这一需求，北京科学技术出版社出版了《白话全本红楼梦》《民间便方精华千首》等书，中国农业出版社出版了《生态果园必读》《进城务工青年通用读本》《为农民工解读劳动合同法》，金盾出版社出版了《做小生意赚大钱》《精致手工编织技法》等书。为了协调供货，二十几家地方科技出版社还专门成立了农家书屋联盟。

少儿科普

少年儿童是祖国的未来，现在的家长一般只有一个孩子，对孩子非常重视，少儿科普图书也是出版社的一个重点，现在少儿图书的增长趋势明显。例如，北方妇女儿童出版社出版了《科学好好玩》系列，非常受小读者的欢迎。中信出版社则出版了从韩国引进的少儿科普图书——《小松鼠自然科学书系》，是一套漂亮的绘本，共五本。同样，外国语教学与研究出版社引进了房龙的科普著作《地球的故事》，也非常受小读者的喜爱。只是令人遗憾的是，这些畅销的科普图书基本是引进版权，国内原创的优秀科普图书罕见。

云计算

现在，电脑不断升级，运算能力、存储能力都不断加大，运算速度越来越快，但人们还是觉得不够用，因为电脑的功能越来越多，要求越来越高，运行的软件越来越多，文件所占的空间也越来越大，以前以 B、KB 来计，现在则以 MB 甚至以 GB 来计，但是人们感觉速度还是不快。为此，一个革命性的技术被提出：终端不要装那么多、那么复杂的软件，只要基本的输入输出，其他数据和应用软件放到“云端”：网络服务器，提高那里的存储、运算等处理能力。这就是对云计算的大略描述。严格来说，云计算融合了网络计算、分布式计算、并行计算、效用计算、网络存储、虚拟化等传统计算机技术和网络技术，通过网络把多个成本相对较低的计算实体整合成一个具有强大计算能力的系统，并借助 SaaS、PaaS 等模式把这一强大的计算能力分布到终端用户手中。

像技术人员看到了技术应用的美好前景一样，对于此项技术学习阅读的需求，出版界自然没有放过，“云计算”方面的图书于 2010 年陆续得到了出版。例如，电子工业出版社出版了《云计算》一书；机械工业出版社则从国外引进出版了《云计算》一书；科学出版社也出版了同名为《云计算》的图书，介绍了云计算的起源和发展，云计算涉及的关键技术，基于云计算的典型应用及其商业模式等。互联网的精神实质是自由、平等和分享。作为一种最能体现互联网精神的计算模型，云计算必将在不远的将来展示出强大的生命力，并将从多个方面改变我们的工作和生活。无论是普通网络用户，还是企业员工，无论是 IT 管理者，还是软件开发人员，他们都能亲身体验到这种改变。

物联网

电脑等终端通过基于TCP/IP协议联在一起，成为互联网，它极大地改变了人们的生活，而今天又兴起了物联网。物联网（Internet of Things）的含义是，基于互联网、通过射频识别（RFID）、红外感应器、全球定位系统、激光扫描器等信息传感设备，按约定的协议，把任何物体与互联网相连接，进行信息交换和通信，构造了一个实现全球物品信息实时共享的实物互联网（简称物联网）。在大陆，物联网尚属于一个萌芽的发展阶段，相关的专业和教材也都是刚刚设立和出版的。2010年10月，科学出版社出版了大陆第一本物联网知识普及教材——《物联网》，这本书由国家工业和信息化部信息产业发展研究院主编，科学出版社出版。后来，机械工业出版社出版了《智慧的物联网——感知中国和世界的技术》，电子工业出版社出版了《物联网技术》《物联网：技术、应用、标准和商业模式》，其他出版社也出版了物联网方面的图书。

大家对Android这个词可能不熟，但说到智能手机，大家就熟悉了。现在，手机早就不限于一种通话工具，而是一款掌上信息处理终端。随着智能手机的发展，人们对苹果手机的热捧，谷歌的技术和运营发力，Android成为技术开发人员的热门选择，出版社在这方面也出版了不少图书，分别介绍Android框架、Android组件、开发Android的人机交互界面、Android常用的控件、Android手机收发短信等通信服务、开发Android手机的自动服务功能和娱乐多媒体功能等，传感器、语音识别、如何利用原生的C / C + +（N D K ）和Python、Lua等脚本语言来开发Android等。出版这类图书的出版社有机械工业社、人民邮电社、清华大学社、电子工业社、中国铁道社、水利水电社等。他们都是网络通信技术方面图书出版的强社。如中国铁道出版社的《Android开发应用从入门到精通》《Android开发应用实战详解》等，书中还附有光盘，其中包括操作视频和目标代码，方便开发人员学习掌握。

航天

在现代，航天工业已经成为高科技的代名词之一，发射航天器探空是一个国家综合实力的象征。2010年，嫦娥二号升空，又引起了航天图书出版的热潮。一些出版社紧跟科技热点、读者需求和市场变化对图书进行策划和出版或修订重印。例如，国防工业出版社的《绕月探测飞行控制》，吉林出版集团公司的《嫦娥奔月——中国“嫦娥一号”探月卫星发射成功》，上海科技教育出版社出版的《嫦娥奔月：中国的探月方略及其实施》，中国文联出版公司的《嫦娥探月——嫦娥二号环月纪实》等。

盘点 2011 年科技出版十大热点

2011 年很快就过去了，我们进入了 21 世纪的第二个十年。科技出版也出现了良好的发展势头，如科学出版社开始股份制改造，科技出版业开始建立自己的内容资源数据库尝试数字出版，新闻出版总署对混乱的养生保健图书出版规定了严格的准入门槛等，都是人们关注的话题。同样，科技图书编辑出版方面也有许多可圈可点之处，下面，我们就给大家做一下简单的回放。

科技出版社股份制改造启动

中国科技出版传媒股份有限公司在北京召开创立大会，中共中央政治局委员、国务委员刘延东，时任中国科学院院长白春礼，新闻出版总署署长柳斌杰等出席并揭牌。除了中科出版集团参股外，人民邮电、电子工业出版社也持有 5% 股份。这标志着科学出版社在股改上市的道路上迈出了关键一步。中国科技出版传媒股份有限公司董事长柳建尧认为，在新的形势下，出版传媒集团制定科学的企业发展战略是成功进行资本运营的保证，要进行专业化经营，真正成为某一领域的领先者，才能有效延伸出版产业链，实现做大做强。

更多的科技出版社建数据库尝试数字出版

在今年举行的第四届数字出版博览会和第五届新闻出版业网站年会上，出现了更多的传统出版社的展位，如人民卫生出版社、人民军医出版社、中国轻工业出版社、知识产权出版社等，展示了医学资源、食品资源、专利文献等专业数据库，表现出了自己在数字出版方面的尝试。还有更多的出版社虽然没有展位，但仍然在此方面进行了探索，如北京科学技术出版社在建的中华传统医药资源数据库等。传统科技出版社一改以前观望的态度，积极转型数字出版工作，构建专业数据库甚至搭建数字出版平台。

地方科技出版社更“抱团”

近三十家地方科技出版社在中央级行业出版社的冲击下，加紧了“抱团”。除了参加北京图书订货会若干家地方科技社统一布展集中参展外，还由湖南科学技术出版社牵头，地方科技社成立了农家书屋“十六联”，进行农家书屋深度合作；联合跨省区编制推荐书目，“三农”图书在各自省区和省区外采购中标合作；上海科技文献出版社牵头与上海图书店建立联合销售平台，并考虑建立职业教育图书联合销售平台，在相应区域互相代理理货以降低发行成本等。

灾害频发，“灾难书”争相出版

日本大地震引发的海啸和核泄漏，引发人们对灾难的关注。出版社争相出版“灾难书”。例如，科学出版社出版了《核与辐射防护手册》，上海科学教育出版社出版了《核辐射 · 地震 · 海啸 120 问》，中国环境出版社出版了《核与辐射应对防护 99 问》，广东经济出版社出版了《地震与海啸》，黄山书社出版了《核辐射普及读本》等，社科文献出版社则出版了全面对灾害事件进行反思性质的图书《日本大地震启示录》。

新闻出版总署公布养生保健图书出版准入机构

对于一些不科学的养生保健图书大量出版销售的乱象，国家新闻出版总署公布养生保健图书出版准入条件，有医学本科毕业 5 位编辑其中 2 位是高级职称编辑的出版社方可出版。据此，今年有 53 家出版社获得养生保健图书出版许可，没有资质的出版社不可再编辑出版养生保健类图书。

科技名词使用将列入出版物质检标准

全国科学技术名词审定委员会拟在全国大专院校和中小学教材中推广应用规范科技名词，建议在组织审定中小学统编教材过程中对规范使用科学技术名词作出相关规定。全国已有数百家报刊社和出版社的上千位编辑参加了出版物应用科技名词的培训。科技名词术语的规范应用将逐步纳入教育、出版、科技、媒体等部门的职业规范和质量管理体系。新闻出版总署将把科技名词的规范使用列入出版物质量检测标准中，不符合科技名词使用规范的，将列为不合格出版物。

多种科普图书荣获国家科学技术进步奖

由新闻出版总署推荐的《数学小丛书》，中国科协推荐的《李毓佩数学故事系列》《追星——关于天文、历史、艺术与宗教的传奇》，由农业农村部推荐的《黑龙江农业新技术系列图解丛书》这四部图书同时荣获国家科学技术进步奖二等奖。这么多的科普图书获国家科学技术进步奖，充分体现了国家对科普图书出版工作的重视。

微博图书出版销售火爆

互联网技术不断推出新的产品，比如电子邮箱、即时通信、论坛、博客和微博等。140个字，手机可发送，使得在2011年微博呈井喷之势，光新浪微博的数量就从5000万增长到2亿多，再加上搜狐、网易和腾讯，内地的微博数量达到四五亿之多。微博图书的出版销售随着急剧升温以至火爆。无数的微博类图书占据了图书大卖场和网络书店页面，例如，人民邮电出版社的《微博是这样炼成的：从聊天室到Twitter的技术实现》和《微博营销一本通》，石油工业出版社的《微博赢销：140字改变全球》，北京理工大学出版社的《三天玩转微博营销》，机械工业出版社的《微博营销：把企业搬到微博上》等。

食品安全受关注，专家教百姓怎么吃的图书热销

民以食为天，食品安全一直受到消费者的关注，今年更不例外。为此，出版社策划出版了食品安全方面的图书。例如上海科学技术出版社的《什么可以吃》、重庆出版社的《吃的真相2》、上海文化出版社的《这样吃最安全》、珠海出版社的《新世纪饮食》等，这些图书受到了读者的热烈欢迎。

软件图书将知识传授与职场生活混搭

《谁说菜鸟不会数据分析》《不懂项目管理，还敢拼职场》等图书风趣幽默，在讲述制作专业知识的各种要点时，与实际的职场环境相结合，甚至有人物有情节，可读性变得越来越强，颠覆了以前说明书式的单调教学。如电子工业出版社的《谁说菜鸟不会数据分析》就将数据分析写得像小说一样通俗易懂，让人有不断读下去的欲望，受到了热烈欢迎。这也许代表了科技实用图书的撰写方向。

《你的世界我最懂》策划案例

随着网络发展，它与我们生活的关系越来越密切，出版也不例外。互联网作为一个平台、一种工具，已经运用到图书出版的各个环节中，加速了纸质图书的出版过程，提高了出版工作效率。

《你的世界我最懂》的出版，与互联网有着不解之缘，可以说，没有互联网，就没有这部书的出版。

《你的世界我最懂》的作者与本书的编辑素不相识。中国民航出版社的王编辑有个好习惯，她经常在互联网上浏览图书信息，试图发现其中的选题信息，激发选题灵感。今年四月下旬的一天，她在图书交易网的“工作室联盟”版块看到几篇散文，文中细述了作者与猫咪的情缘故事，文笔优美，感情细腻，就产生了策划一本猫咪图书的想法。

王编辑与作者在网上留下的 E-mail 地址进行联系，询问是否还有其他相关文章。王编辑与作者用 QQ 多次网上交流，探讨是否有写一本书的可能性问题。作者表示，恰好也有这个意向。王编辑提出这一选题，报出版社选题论证会通过之后，根据作者文章的内容，设计了家庭养猫、救助流浪猫及呼吁爱护动物、关爱生命等三方面的主题内容。

五月中旬，王编辑用 E-mail 发出约稿信，正式着手组稿。当然，图书出版合同是纸质的，是在网下签订的。直到签订合同时，王编辑与作者才算见了面。六月下旬，按照王编辑要求，作者完成了全部稿件。稿件，包括图片和文字，通过 E-mail 传送给编辑，通过出版社的打印机打印为纸样，供编辑加工和审稿之用。七月，书稿三审完成。八月中下旬，图书进入印刷、装订等环节。九月中旬，完全按照出版计划，《你的世界我最懂——细述我的猫咪情缘》正式出版。

王编辑与作者商议，通过作者的新浪博客，及时公布图书出版的消息，并提供了内容简介、封面和目录。作者的几位好友也热情地为本书撰写书评，并分别公布在各自的博客上。

作者在进行流浪猫救助时认识的朋友，还分别在新浪、搜狐、天涯的宠物论坛，或在中国宠物频道、中国宠物网、宠物中国网、宠爱天下等宠物网站发布图书出版的消息。这些网站的网民，都是本书的目标读者，指向非常明确。

由于作者是“猫咪有约”这一动物保护网站的版主，她也在网站的BBS论坛公布了该书出版的消息，包括封面和内容简介等。网友对此书表示了极大的兴趣，纷纷表示要购买。

由于通过博客和BBS论坛在网上发布了图书出版的消息，这一宣传很快转变成了销售。

网友看到图书出版的消息，远在武汉、徐州的网友，在作者的博客留言或发邮件要求邮购该书，作者满足了这些网友的需求，图书如数寄出。由于要求购书的网友较多，“猫咪有约”网站的管理员决定团购此书，很快统计出了册数，目前约300册。

根据作者的意愿，也为了满足广大非网友的购书需求，“猫咪有约”网还决定在10月28、29日进行本书的签售义卖活动，本书的利润收益，全部用于流浪动物救助。互联网就这样引发了网下的图书销售活动。

此外，在北京图书大厦和中关村图书大厦的网上书店，以及当当网、中国图书网、读书网等的网上书店，本书也都有了销售。

最后，腾讯网图书频道对此书也做了连载，增加了知名度和人气。

原载:《中国图书商报》2006-11-3

第三部分

宣传营销

四个“多”让出版社高效使用微博

近两年，业界最火的营销方式莫过于微博营销。微博是一种低成本的图书营销手段，具有使用简单、实时更新、成本低廉、传播速度快、互动性强等优势。但是，微博营销也不是想象中的那样简单，不是把图书简介和封面在微博上一放，就万事大吉。许多出版社有微博，没有多少粉丝，没有人转发和评论，实际效果很差。想让微博营销取得更好的成果，需要具备一定的条件。根据实战经验，我总结出了 4 个“多”，将 4 个“多”做好，便能将微博营销做好。

多开几个账号

出版社可以通过多种方式进行微博营销，如图书作者微博、出版社的官方微博，甚至出版社网站的官方微博、编辑微博、营销人员微博等。微博可以开在新浪网上，同时还可以开在搜狐网和腾讯网上，可以加入微信群，以扩大影响。这样，即使非名人的微博，也能通过“长尾效应”，取得不错的宣传效果。

各出版社间的微博，可以互相配合，相互转发评论，让“粉丝”进入各社微博。

多攒“粉丝”

出版社微博要有一定数量的“粉丝”，否则，图书营销的实际效果就不会太大。为此，一方面，要内容吸引人，不断更新内容，不能光是书讯广告，要有图书中的精彩内容分享，有读者感兴趣的话题交流。在开始阶段，可以考虑发私信邀请“粉丝”；另一方面，出版社要及时与“粉丝”互动沟通，保持微博“黏性”。

另外，在发图书宣传微博时，要考虑内容与“粉丝”关注需求的一致性，以便维护足够的“粉丝”，以利于图书的精准营销。如果是以养生保健为主打的微博，可以多吸引关注养生保健的读者，这样，营销宣传养生保健类图书时，效果会更好。

多搞活动

微博运营到了一定程度，还可以搞同城博友聚会，一起聚餐、喝茶、品咖啡甚至出游等，不断提高读者用户的“黏性”。

出版社可以组织作者与微博粉丝见面，介绍其个人生活、创作思路，促进读者对作者的认知和交流，激发购买欲望。将这些活动再次发到微博上，还可以促进图书信息的二次传播。

多花点心思

同为网络宣传工具，微博可以与出版社网站配合，互相提高流量。例如，利用微博将流量转到网站。在网站发布微博地址、发布微博活动消息；等等。

北京科学技术出版社的贝壳阅读网微博就是这样做的。例如，在立秋节气时，将网站上大量关于立秋养生的文章和链接放到微博，吸引博友阅读。这样互相促进，效果很好。

根据作者、图书不同，还可以与大型门户网站合作，进行微访谈，从而更大程度地促进图书信息在微博用户间的传播。

原载：《中国新闻出版报》2011 年 12 月 11 日

出版微商是蛋糕还是鸡肋

近年来，出版微商逐渐引起了出版机构的重视，一些先行者开辟了微商城。有的是发行部门开设，有的是数字出版部门开设，还有的甚至是编辑部门开设。

微商怎么样？

对于出版机构的微商，不同出版单位的看法也不尽相同。一些出版社抱着“试试看”的想法，在进行尝试。有的出版社认为，既然有了网上电商平台，微商销售可以忽略不计，没有必要设置人员去销售。

一些销售还马马虎虎的出版社，其微商经营人员对销售数字也讳莫如深，怕领导给加码，不愿意说出太具体的数字。内容、产品特色、品牌和营销，决定效果。没有好产品，怎么做也没有多大用。对于许多出版机构而言，微信、微博的作用，还是以图书的宣传推广为主，发布图书产品信息远胜于销售盈利。销售量不高，物流配送和收款结算都是麻烦事，这也是一些出版社对微商不积极的原因。

其实，经营不到位，什么方式都不会有好的结果；经营到位，长期来看，都会有好的结果。急功近利，是不行的。

微商的经营模式各有差异

微博、微信的经营模式有很大不同。微博是个广场，以发布公共信息为主，自媒体成分更多。微信是朋友圈，私密性比较强，社交属性高于新闻属性；微店，可以直接售书。所以，出版社可以开设移动网店，然后可以将店面的链接地址分享和发送到任何一个移动社交平台上。

微商的共同之处，是都要有较高的粉丝数量为基础。而有的出版社的微博和微信粉丝数量很少，还只是跟风做，不下功夫也不专业，效果差是自然的。

用微博发布与图书相关的话题吸引大V转发，还是有机会的。微信中，贴近粉丝的需求，提供实用的图书产品资讯，有一定量能转化为销售，是有可能的。如果微博、微信只是一味地做广告，反而会适得其反。这就是欲速则不达。

出版微商与其他微商有区别

图书毕竟不是生活必需品，也不是可以反复消费的快消品。图书作为一种文化产品，其内容质量尤其重要，要从选题策划着手，而这不是微店所能解决的问题。更何况没有人一天到晚在移动社交网上买书，交流毕竟是它的主要功能。所以，不要想图书微商会成为本社图书销售门户。出版社微商要正视这一点。

PC端与手机移动端的区别

现在是移动互联的时代，手机使用时间，远高于PC使用的时间。所以，移动端显然比PC端要受到更高的重视。刷微博和微信时，受到好的诱导和影响，临时起意购书，也是非常可能的。

当然，PC端也不能忽略，毕竟它在工作时操作更方便，上班时间，用PC的时间更多，因此很多人仍习惯于用PC购书。所以，PC端的微博微信也要使用。

总之，对于出版社而言，微商经营不会离开其他网店独立存在，目前仍然是一个补充。要知道，无论是微信朋友圈，还是各类微店平台，都只不过是现有移动电商的一种补充渠道。在产品相同的情况下，做得好，是蛋糕，做不好，是鸡肋。

数字时代的图书营销

在这个数字化时代，书业营销也要跟上数字化的浪潮，利用各种技术手段和通道，传递图书产品的资讯，从而让更多的目标读者知道这本书的存在，进而推动图书的销售。和纸媒宣传、首发签售、地面促销等相比，数字营销有门槛低、花钱少、效率高、无地域限制等特点，可以说是性价比较高的营销方式。本文从网站论坛、博客、微博、QQ 群、手机、平板电脑等几个方面进行简单的分析。

网站论坛广泛发帖

论坛 BBS，由于互动性好，隐身性强，可以以某一主题为中心，多人同时表达，是人们获取信息的一个重要渠道。出版社营销人员可就某一新书在论坛中自由发帖，由网友顶帖，可以与管理员或版主取得联系，维持一定的话题热度，以免被当作广告帖删除。

和论坛类似的，是百度贴吧，我们也能自主地在上面发帖。可以选一个热门主题创建贴吧，也可以在其他相关贴吧发帖，披露图书相关资讯。

另外，还可以将图书信息做成签名，或者签名图，回复主题或者发表主题的时候，这些签名或签名图就会反复出现，被网友看到。这样做，与直接宣传图书的帖子不同，不会被版主删除。

博客地盘听我的

从五年前个人博客开始兴起，一时间大有“全民皆博”之势。博客是个人门户，与论坛相比，博主更有主动权，“我的地盘我做主”。博文内容，可以是书讯、摘登或连载，或是书评，或是营销签售消息等，类型题材多种多样。例如，《你的世界我最懂》一书，作者、博主菡月在其新浪博客上发表书评、书讯和签售消息，结合在“猫咪有约”论坛上团购签售义卖，取得了不错的效果。与微博的140字相比，博客容量较大，可达到几千字或更多。因此，编辑、作者、出版社都可以开办博客。博客作者还可以加入某一主题的博客群，增加影响。

除了请图书作者、编辑、营销人员自己发博文宣传图书外，还可以赠书给知名博主，请其提出评价。例如，樊正伦的《养生的智慧》就曾给几十位关注健康又有一定点击度的新浪博主赠送样书，分享书中的观点，进行评论。

QQ 群作用大

目前QQ用户数量庞大，据统计已有6亿多用户，这6亿多用户又分属形形色色的QQ群。所以，我们可以尽量多地加入QQ群，根据不同的QQ群，可以营销相同的图书，也可以有针对性地宣传不同的图书。注意，在群里发言不能广告味太浓，要贴近群中成员的需求，巧妙地宣传图书。

当然，我们也可以自己创建群，如生活、历史、青春文学、美食、减肥等爱好者QQ群，要注意维护群成员，多组织热门讨论。为了便于管理，群成员可控制在200~500人之间。

除了QQ群发言，还可以通过邮件方式营销图书。发群邮件的效果非常好。群邮件有个最大的优势是，不管QQ在线与否，登录QQ后，总会发现群邮件。此法也要注意适度，免得被当成垃圾邮件，就得不偿失了。

低成本微博

近两年，最火的互联网应用当属微博。微博只需140字，写起来容易，既可以通过电脑，也可以通过手机写作发送，十分方便。现在，微博用户已达1.6亿。微博可以被评论和多层次转发，粉丝越多，传播范围越广，能够形成雪崩式传播。为此，许多书业营销者选择了微博营销。

微博既可以发书讯，还可以促销。有的书业人士就开展了转发一条微博，就有机会获赠一本图书的活动。例如，2011年7月，读客图书策划的《卑鄙的圣人：曹操》一书，在微博上宣布转发微博送书，每天送10本，连送100天，总计1000本，现在已送出150本。目前，该博文已经转发18,570次。据悉，该书已销售6万册，正在加印中。

手机传播速度快

除了互联网，手机也能起到宣传营销的作用。手机营销图书，可以通过短信、彩信、客户端下载等方式进行。例如，群发手机短信、彩信，直接向目标客户提供新书资讯、精彩样章阅读等。

短信方式会引起部分用户的反感，为此，可以通过手机客户端等方式进行营销。例如，中信飞书是中信出版社面向读者推出的一项数字在线服务，任何读者都可以通过免费下载的手机客户端登录中信飞书网，第一时间体验中信出版社的新书。中信飞书网已经引入400多种各类图书，如果满意，可以方便地购买纸质图书。这样，能起到很好的营销作用。另外，还可以与中国移动、中国电信等运营商合作，通过其手机阅读基地向手机用户提供图书阅读服务。

平板电脑上位

最近一年，平板电脑销售十分火爆，它可以说是一个集文字、图片、动画、声音、视频、网站、数据库和互动社区等功能于一身的全媒体平台。在平板电脑上进行图书营销，除了书摘连载，还可以做成视频短片，发挥多媒体播放功能。

出版社可以与第三方合作将欲营销的图书做成App应用，供用户下载。也可以嵌入其他应用程序，作为附加内容，如加入阅读平台“读览天下”的Zaker客户端中，从而起到对图书的营销作用。

原载：《新华书目报》2011-8-4

出版社的出路在建立自主平台 SNS

出版社对电商可以说又爱又恨。电商为出版社提供了销售渠道，回款效率高于地面店。电商利用图书，收获了更多的流量、用户。但是随着地面店的萎缩，电商越来越强势，市场环境的丛林法则，使出版社失去话语权。电商以打折为售书的最大卖点，为电商平台带来人气和用户流量，转化为其他商品的销售，对利润和股东都是一个交代。但促销折扣、回款、宣传、返点等形成渠道霸权。有了渠道和用户，电商平台甚至能自己策划和组稿，从出版社拿书号，成为事实上的出版商，出版社将更加边缘化。到了数字出版成熟的时候，出版社没有自己的用户，早晚将要出局。互联网时代，用户才是核心。

出版社应该采取微博、微信、天猫店等多种方式，吸引用户直接与出版社结合，发展用户，为用户提供价值，建立起用户管理系统、读者俱乐部、网站，进行众筹出版，SNS 是出版社生存的重要环境。出版社要借助互联网思维，为用户提供价值，选出更好的产品和用户体验，用户产生内容，成为现代出版商。如果当当、京东、亚马逊都不做图书商品类别了，对出版社来说，也许是好事，出版社才会有自己的客户和用户。

占据图书市场的，不应该是综合图书电商，而是形成分类图书电商，如社科、文艺、科技、少儿、教育……出版社通过股份制方式建立，新建或收购某一网站。比如将科普类图书，都在果脯网宣传、销售，与科学普及结合，分不同层次阅读，分不同年龄段销售。出版社对电商的依赖会下降，交易上有话语权。大众健康类书，结合保健活动；少儿书结合玩具。单一出版社网站很难打开销售市场，数家出版社联合做网站，网站按类别细分受众，不只卖书，为用户提供价值，则可能成功。

书业是有出路的，电商不是洪水猛兽，而是我们的好老师，出版社应该感谢电商。

原载：《出版商务周报》

少儿图书营销书内与书外

中国家长尤其重视孩子的教育，有关少儿智力开发、学习、营养的图书都受到顾客的欢迎。少儿书近年来是保持增长的市场板块之一，有四百多家出版社杀入少儿图书出版战团。然而多数情况下，效果并不佳。如何才能做好少儿图书营销？

思路决定出路。在原来的营销盒子里谈营销，不如敞开思路、集思广益。

内容为王打造特色产品

《哈利·波特》的奇迹，并不在于多样化的营销方式，核心在于其是一个好产品，真正贴近了读者的需求，尽管是厚厚的文字图书，仍然让孩子们喜欢。图书内容，永远是第一位的。这才能为营销推广打下好的基础。好内容需要编辑与作者反复沟通，从选题开始介入，编辑要注意“田间管理”，确定书名、提纲，到样稿、整体风格等，从头包到尾。

全程营销与全员营销相结合

营销绝不仅仅是出书后营销部门做的事，而是从策划阶段开始，一直到销售，都要关注与配合执行的事。出版社相关各部门，包括总编室、美术和出版印务等，特别是编辑部门和发行部门，都要进行直接或间接的营销，从营销角度做好自己的事情。

策划好产品后，要进行立体宣传，而不是平面式的宣传，像发个消息，做个签售之类。除了出书前的热身告知，接下来还要从不同角度、时间分梯度进行各种媒体报道，包括书评、卖场和读者反馈等，以便让书店和读者尽快知道这套少儿图书是多么好。每个梯度的宣传要达到什么效果、如何去实施，事先都要进行周密的思考、研究与安排，确定人员分工，并逐一落实。

在选择发布媒体时，报纸、杂志、网络、电台、电视台等应注意如何分区分类安排等，以逐步扩大和强化营销推广范围。签售时，注意首选哪个特大城市作宣传推广，再向各大区几个一线城市推动，从而带动其他二线省城和地县级市、三四线城市的营销推广与销售。

一本书放眼全局

营销不能就事论事，就事论书，而是要有全局观念，从一本书着手，从全局着眼。一本书，营销费用是摊不下的，要考虑进行这本书的营销，对相关图书整个产品线都有帮助，对少儿某个板块，如益智、文学、绘本等都有帮助。

我们可为这个板块建立整体品牌，打造这个整体品牌。不管是作者品牌还是出版系列丛书。这样，可以起到一次投入，多次回报的作用。

做强产业链

少儿图书产品，是少儿消费品中的一类，图书还不是其中最重要的，其影响力远不如玩具和电视节目。为此，少儿图书营销要考虑到少儿周边相关产品，考虑到上下游产业链。例如，少儿图书可与少儿期刊、网络、平板App应用、少儿玩具、影视剧、话剧、游戏、动漫、T恤服装等相关。跨业混业营销，效果更好。

第四部分

数字出版

谁说数字出版不能盈利

——爱思唯尔在线期刊涨价的启示

2008年，2000年低价进入中国高校的世界头号出版集团励德爱思唯尔对于销售给中国大陆的期刊数据库高声喊："涨！"根据2008年的征订方案，爱思唯尔今后3年在华年均提价15%（实际16.7%），是至今4次调价中最高的一次。

我们看出，在中国出版业还在喊数字出版没有明确盈利模式的时候，爱思唯尔不但挣到了钱，而且还敢不断涨价。

爱思唯尔为什么这么有底气？从这里，我们可以获得什么样的启示呢？

第一，产品设计必须符合用户的需求。

爱思唯尔这一家出版公司旗下的在线平台Science Direct的期刊就拥有占世界四分之一的科技与医学领域经同行评审的电子版全文文献，学术质量一流。《2006年期刊引用报告》显示，该公司53种期刊的影响因子位居相关领域首位，包括《柳叶刀》和《细胞》。

这种内容不但是科研人员非常需要的，而且是难以替代的。自1999年Science Direct提供服务以来，至2006年累计下载文章已逾10亿篇，每个工作日平均每秒有36篇文章被全文下载，预计2008年下载量将超过4.5亿篇。许多科研人员已经习惯了上网查阅资料。科研人员认为，专业人员对国外的最新资料必须了解，而这一在线平台正好提供了最新资料。这样，对数字化产品的需求，使之有了很大的市场。

优质产品决定了其市场地位。"国内没有一份有话语权的杂志，你要传播，你要交流，但始终受制于人。"一位北大博士生如此说。一位学者也说，再优秀的"海归"，离开最新的文献，"半年之内武功全废"，理工科研究人员尤其如此。对学术期刊数据库这一优质数字产品需求强烈的高校，大都云集了长于研究的科研人员。因此，这一产品成了重点大学和科研院所离不开的必需品。

第二，注重对用户个人产品使用习惯的培养

爱思唯尔低价提供数字期刊出版物，悉心培养了科学家的阅读习惯，使他们养成了“外刊依赖”。在国内已经形成共识，在优质期刊上发表论文，科学家可以更好地确认优先权，传播研究成果，得到同行更多的认知。这样，Science Direct 已经成为中国科研工作者和科研机构须臾不可离手的信息资源和研究工具。在中国大陆，2006 年 Science Direct 向高校师生提供了 3000 多万篇下载量，占全国高校全部外文科技论文下载量的 59%。不但是老师，就连每一名还在高校苦读的研究生，每天都会习惯性地进入学校的电子学术论文期刊文库，定期查阅外文期刊上最新的学术研究进展。

第三，先培育市场后获取利润。

从市场战略上，我们也可以看出数字出版企业的战略：先低价进入，让客户养成依赖性，然后再涨钱，即先培育和获取市场，后获取利润。Science Direct 的中国客户，从 2000 年的首批 11 家，增加到 2007 年的 200 多家。客户以大学为主，其他还有国家图书馆、各部委图书情报中心、中国科学院、中国社会科学院等。

到了 2007 年，全国高校向这家出版集团付费最多的前三名依次是北京大学 496590 美元，吉林大学 358546 美元，南开大学 311749 美元。

第四，规模化经营。

从 1997 年开始，爱思唯尔集成了优质、海量的学术期刊文献内容，这是其敢于涨价的原因之一。爱思唯尔拥有 2000 多种学术期刊，400 多万篇文章，涵盖人文、社科、理、工、农、医、经管等学科，提供超过 800 万条有效在线数据，并计划每年增加约 700 种新出版的刊物。数字化文献时间跨度较长，将近 200 年，文献最早可回溯到 1823 年《柳叶刀》的第 1 卷第 1 期。所以，才有爱思唯尔中国区总监孙高鹏说的，数字出版业务渐成爱思唯尔的主要收入来源，已增至总收入的四成。

这样，经过涨价，在同类产品中，爱思唯尔的数字在线期刊平台 Science Direct 虽然是售价最高的，但也是订户最多的。爱思唯尔在数字出版方面获得了丰厚的利润。

相比之下，中国的学术期刊的内容质量相差甚远。国内数以千计的学术期刊出版后都只能放在书架上因无人问津而饱含灰尘。国内的学术期刊早已成为学位和版面费的“交易场”，假如没有向那些所谓的核心期刊“进贡”不菲的版面费，则论文无论如何也发表不了。只要交了足够的钱，再烂的水货论文照发不误。这样的学术产品，即使数字化之后，需求又会如何呢?

国内的数字化图书更没有多少集成度，内容往往陈旧、分散，各书之间没有链接，也不能及时更新，读者对其依存性很差。

中国传统出版单位也不注意个人用户产品使用习惯的培养，不在此方面下功夫，急功近利，没有让人慢慢养成使用习惯的意识。

一些出版单位市场培育意识更差，没有先赔后赚的意识，急于赚钱，赚不到钱就不干，消极等待，靠政策保护的纸质书的出版生存。

中国的出版单位应该通过爱思唯尔数字在线期刊涨价事件总结经验教训，在数字出版的内容和市场运营方面多下功夫，不要光打纸质书内容不变，媒介简单一变，没有多少存在必要性且读者并不买账的“电子书”的主意。

从传统出版单位的角度看，所谓数字出版之一的电子书并不成功，原因在于内容不是必须的，个人用户不买账。怪只怪市场不成熟，不能光抱怨用户没有消费习惯。可能是物有所值，可被替代性高，一些技术提供商光想打集团客户（图书馆）的主意。个人不用，客户买了不能实现多少价值，产品也就成为了“鸡肋”。事例之一是，某高校图书馆计算机出了两次故障：同方数字期刊服务器坏了，没一个小时，学生和老师纷纷向图书馆反映；装电子书的服务器坏了，却两天都没有人反映——这就说明了问题。

原载:《图书馆报》2012 年

数字出版：战略决定成败

当前，做不做数字出版已经不是一个话题，而如何做数字出版，才是一个业内人士十分关注的话题。目前，已有三百多家出版社有了数字出版部，若干家出版集团成立了约二十家数字出版公司。尽管如此，还有不少问题困扰着出版社的领导和数字出版部的主任们。那就是，数字出版部到底该做什么，对其工作如何进行考核？是像职能部门那样考核？像业务部门那样考核？还是结合实际进行考核？

数字出版部的人员构成差距较大，有的两三个人，有的十几个人，有的二三十人，有的四五十人，有的一百多人……有的只是技术维护人员，有的有编辑人员，有的有版权管理人员，有的有 IT 技术研发人员，有的有产品经理，有的有内容编辑，有的有市场销售人员……其进行的工作，各社差距也较大，有的负责整理排版文件，有的负责社内电脑网络软硬件维护，有的负责出版社 ERP 管理，有的管理出版社的网站，有的负责对外（电商和手机阅读基地等）进行合作，有的负责开发或外包开发电子书、数据库、智能手机或平板电脑的 App，有的还负责销售……不一而足。数字出版部人员组成不同，功能各异，与各社对数字出版的理解不同，目标不同，数字出版的进度不同有密切关系。

当前，有的出版社在数字出版上还处于观望期，但是有的已经与技术商、平台商进行合作，对出版社存量图书内容进行碎片化、结构化，合作开发、销售电子书或数据库。有的数字出版部与编辑部、销售部密切合作共同做数字出版，有的只是数字出版部一个部门对全社资源进行数字出版处理。这与出版社的内容资源、渠道、起步早晚，特别是出版社整体思路与行动等有关。在这些出版社当中，有的通过这些工作还没有多少收入，有的已经产生了一定的销售分成收入，有的有了自己开发产品的独自销售的收入。除了收入，出版社对于数字出版部的考核，更是让领导感到困惑，各社之间差异很大。有的按职能部门考核，有的按业务部门考核。有的下达任务指标，有的没有任务指标。有的按职能、业务二者的结合考核。

其实，完全按职能部门考核，或完全按业务部门考核，从目前来看，都存在一些问题。

严格来说，数字出版部应该是与传统图书出版部门并列的业务部门，按职能部门考核似乎名不正言不顺。但是，因为它是新的行业，市场化程度还不高，如果完全按业务部门考核，根据绩效进行评定，就存在一定的问题。各社之间数字出版情况不同，考核方法，自然也要根据各社的情况而定。有的数字出版部门，确实存在着对全社电脑网络软硬件、ERP 系统和门户网站进行维护服务的职能，更应该按业务支持部门的办法进行考核。

现在，数字出版还只是个新的产业，还没有一个成熟的市场体系，完全按成熟的业务部门进行考核，采用"杀鸡取卵"的考核方式显然不妥，因为数字出版的盈利模式不明确、市场成熟度还不够，产品和渠道还不够定型，出版社对数字出版还需要长期的投入。纸质图书出版实现了编（策划、审校加工）、印（排印装）、发（市场销售）的完全产业链，人员分工明确，考核方法成熟，而数字出版还没有完全达到这一阶段，数字出版部还只是一个部门而不是几个部门按产业链分工做好各自工作，所以，考核办法也像数字出版工作一样在不断探索之中。但不论如何，出版社也要做好顶层设计，明确数字出版部门的职责，有短期计划和中长期规划，密切追踪了解数字技术、通信技术、互联网产品进展和数字出版最新模式，把出版社板块建设工作做好，有细分市场的品牌优势，把内容资源积累好，把已有内容资源加工好，把用户资源积累好，运营好自己的门户网站，通过人才引进，或社内人员的轮岗与培训，培养出一支既懂出版、又懂技术、还懂市场的复合型人才队伍，以图大胜。

总之，对数字出版部的考核方式，实际上是一个出版企业对数字出版的定位问题，是战略、战术问题，不仅是一个工作职责和考核问题……做好顶层设计，才可能正确考核。眼界决定思路，思路决定出路，对数字出版要有一颗平常心，有长远打算，急功近利是做不好数字出版的。

原载：《新华书目报》2013-8 月 -8 日

概念高潮过后的数字出版

近年来数字出版风生水起，从概念变成了行动。尽管人们对“数字出版”还没有一个业内可以接受的定义，但不妨碍坊间各色人等进行数字出版相关各种活动。从专家学者、政府机关，到技术服务商、终端制造商、互联网平台商、电信运营商、图书销售商，你方唱罢我登场。从耸人听闻的“纸书五年内消亡”“近期看终端中期看平台长期看内容”到“数字出版是大趋势”，口号不停。从 PC 电子书、硬件电子书阅读器、数据库，到智能手机、平板电脑（苹果、安卓）上的各种 App、产品不断迭代。电商、运营商更是弄了不少电子书销售平台，学者们提出了电子书的 1.0、2.0、3.0，传统图书出版、传统数字出版，纸书阅读率下降了多少，数字阅读率上升了多少……弄的书业不提数字出版，不但写年终总结和年初计划不给力，甚至都不好意思和业内人士打招呼。

热热闹闹之后，实际效果如何呢？从内容商来看，大部分出版社没有赚多少钱，电子书的销售收入只是纸书销售的残值。设备制造商、技术商和平台商呢？某知名电子书阅读器制造商股市大跌，几家制造商选择了退出；一家知名电子书销售平台股东将股份转让；已号称拥有几十万种电子书的平台商只有 20% 的图书动销，而且每种平均销量只有几十到一百多册；移动运营商财大气粗，赔本赚吆喝等待明天……与此形成对照的是，一些出版服务机构，则抓住了这个机会，通过办论坛会展培训，赚到了真金白银。一些技术商通过服务出版社，挣到了“卖水”的钱。

面对这种情况，业内不少人士也一直在进行理性的思考。纸质图书是否会消亡？数字阅读能否是主体？人们对付费数字阅读是否接受？数字时代盗版问题能否解决？电子书是不是等同于数字出版？原版原式电子书换个媒体能否就能销售？数字出版的商业模式到底是什么？有没有出版商对读者和广告商的双边市场，即规模用户免费而采取第三方支付的广告模式？出版社是不是都要做平台？与平台商合作出版社能否保证自己的利益？资金、技术和人才如何解决？内容商如何建立自己的用户数据库并在产业链上获得主导地位？数字出版怎样实现可持续发展？等等。一些学者热心于理论研究，抓住数字出版的新话题进行分析和综述，但对产业发展认识不深，缺乏企业数字出版实践，往往是从概念到概念，与现实脱节，提出的结论貌似有理但很值得商榷。

对于数字出版，业内各单位、人员表现大不相同，理解深度不一，行动方式不一。一些专业出版社根据自己的图书内容资源特点和渠道用户，做出了一定的尝试，取得了一定的收益，但这并不一定可以复制。一些出版社通过申请国家财政文化发展资金或上级主管部门的资金，建立了数字内容平台，尽管可能没有盈利，但也是试了水，进行了探索，冷暖自知。一些上市企业或将IPO的企业，为了吸引风投或对上市公司股东进行交代，招兵买马，进行数字探索甚至成立专门的数字出版公司，跑马圈地是为了赌明天。一些出版社则自己不动手，谨慎地与他人进行了合作，向某些平台商提供了电子文件，还不一定是新书更不是畅销书，等待对方的收入分成，当然只能是有限的三瓜两枣。还有一些出版社，则过于保守，守着纸书不放，以不变应万变，观望气氛浓厚。

其实，消极等待是不可取的，盲目受技术商等人的忽悠仿照他人的做法也是不正确的，还是要根据自身经济规模、内容资源、渠道、用户、人才、资金等特点，从用户需求和技术特点进行尝试，从用户而不是存量图书着手，在市场调研的基础上，立足自身做数字出版。不是所有图书转个格式放到新的电子载体上，就是“数字出版”了。不是直接卖产品，而是要遵守互联网的规律，从提高访问流量做起，考虑做好用户体验，尽量做好有刚性需求的产品或大众娱乐数字产品，打造好主题用户社区，从增量着手。内容差过时的旧书卖不动，变成电子书也照样卖不动。要从库存图书的电子版的转化，转化为根据用户需求，像做纸质图书一样，进行市场调研申报选题，以新的内容、根据现有技术的优势（多媒体、互动、链接、实时更新、可检索甚至植入广告）打造数字产品，由有编辑出身的产品经理进行策划和运营，技术人员组织外包生产加工、市场营销人员进行推广销售和网络服务。数字出版是全社的大事，要从社领导转变思路做起，全社的相关人员共同行动，而不是目前许多出版社只是成立一个“数字出版部”对现有旧书的电子文件进行处理并对外合作就能解决的。

原载：《中国图书商报》2013-3-15

浅论数字科普出版物及衍生品的产业化运营

一、出版产业与技术发展背景

1. 国外出版产业发展背景

最近两年来，纸质出版物销售额不断下滑，地面书店不断发生倒闭，纸质图书发展速度明显放缓。据资料显示，2011 年，英国连锁书店和独立书店在图书销售中所占的比重与六年前相比，分别下降了 5 个百分点，而亚马逊在图书市场的份额已经增至 30%，并且电子书的销量已经超过了传统纸质书的销量。2011 年，世界六大出版集团的数字出版业务大幅增长，其收入已占到集团总收入的 20%~30%。美国出版协会的最新数据显示，2012 年 3 月美国成人电子书整体销量已超过纸质版精装书。

与此同时，阅读终端产品发展迅速。苹果公司于 2010 年推出 iPad 引发的全球平板电脑热潮愈演愈烈，数字化阅读由个人电脑转变为以手机和平板电脑为主的移动阅读，并逐渐形成巨大的市场空间。2011 年全年国内平板电脑市场出货量达到 1400 万台，随着平板电脑和智能手机的普及以及移动互联网时代的来临，移动阅读市场也进入了井喷期，而由于平板电脑更适合深度阅读，并且随着苹果 iPad Mini、三星 Samsung Galaxy 和亚马逊 Kindle Fire 等质优价廉的平板电脑越来越普及，已经成为年轻人必备的时尚用品。他们通过平板电脑阅读电子书，随时随地进行阅读。

2. 中国出版产业发展背景

中国的情况也类似，2012 年 8 月 30 日，北京开卷信息技术有限公司在北京图博会上发布“2012 年上半年中国图书零售市场分析报告会”，其数据显示，2012 年上半年全国整体图书零售市场小幅增长 0.27%，这一数据是开卷自 1998 年建立监测系统以来最低增幅。如果扣除物价上涨因素（CPI 为 4%

左右），纸质图书销售增长率实际上是负值。科普图书也不例外，科普图书的市场份额只有 0.4%。

与此相反，数字阅读内容则不断增加，数字出版产值不断增大。表现在阅读终端不断地融合与创新，内容传播载体也随之发生翻天覆地的变化，特别是受众阅读习惯已经发生改变，数字阅读已成趋势。在这样的背景下，数字出版技术和产品成为推动图书、期刊等纸媒出版产业发展的重要力量。2011 年我国数字出版全年收入规模达 1377.88 亿元，比 2010 年整体收入增长了 31%，其中互联网期刊、电子图书、数字报纸的总收入为 28.34 亿元，在数字出版总收入中所占比例为 2.06%，其中数字多媒体图书是数字出版的主要盈利方向。

游戏一直被认为是出版类型，因为它也有可复制和发行的特点，同时，游戏的文字脚本与图书类似，游戏是图书的一种衍生品。我们从图书衍生品——游戏来看，2012 上半年，中国游戏市场（包括网络游戏市场、移动网游戏市场、PC 单机游戏市场）等实际销售收入 248.4 亿元，比 2011 年上半年增长了 18.5%。虽然增长率有所下降，但增长仍然可观。截至 2012 年 6 月，中国网络游戏（含 PC 与手机）整体用户规模超过 3 亿人，其中，网页游戏与移动网络游戏用户数增长速度较快，同比增长率分别为 27.7% 和 70.9%，用户数达到 2.05 亿人与 7820 万人。

中国网络游戏以纯娱乐为主，让许多的青少年沉迷其中，难以自拔，开发生动有趣的严肃游戏已是刻不容缓。严肃游戏不以娱乐为主要目的，而是采用寓教于乐的形式，目的是让用户在游戏过程中能够接受信息，得到训练或者治疗，所以被用于军事、医学、工业、教育、科研、培训等诸多领域。

从科普产品发展来看，2010 年 11 月 25 日，在中国科学技术协会、中国科技馆、中国软件行业协会游戏软件分会的支持下，“第二届严肃游戏（北京）创新峰会——科普游戏在中国”在中国科学技术馆隆重召开。但是，以倡导科学理念为目标的小型游戏较多，大型的科学类游戏严重缺乏。此类游戏将科学与游戏融为一体，青少年在玩游戏的过程中，潜移默化，不知不觉中提高自身的科学素养。作为优秀科普出版物的衍生品，同样是将枯燥科学知识和科学家的研究方法、思想及科学探索过程改为寓教于乐是大势所趋，大型科学类游戏的推出正逢其时。科普内容，可以通过数字出版物和重要衍生物游戏的形式传播，轻松地进行科学普及传播，十分重要。

3. 出版行业对技术发展提出新的需求

与国外数字图书产品热火朝天的局面相比，国内数字化图书的发展相对缓慢，传统出版社的数字化转型才刚刚起步，很多出版社进行了有益的探索。大型出版社积极进行资源库建设和数字化平台建设，力图把传统的出版优势转化为数字时代的出版优势，占据数字出版的高地。

数字出版时代的核心是出版内容数字化，再者是数字产品发布网络化。数字化时代的出版与传统出版相比，可利用内容更为庞大，读者与出版社之间的距离无限接近，双方的交流更为直接和畅通。我们不仅要能把完成作品做成数字产品，还要能为特定市场需求组织和编辑特定数字产品，实现市场需求和数字产品制作之间的无缝化连接。传统出版无法实现的读者订制服务完全可以在数字化时代得到满足。

科普出版企业同样需要进行科技创新，提高发展活力，促进出版产业升级，将传统纸质图书出版转变为数字出版，并开发出游戏等图书衍生品，使科技知识传播从纸质媒体扩展到数字媒体，发挥其海量化、多媒体、易检索、可互动、实时更新和发布、无仓储物流、低碳环保等优点，提高企业研发水平和自主创新能力，促进企业转变发展方式。

二、出版社应具备的基础条件和基础工作

1. 出版社应具备具体的内容、技术、人员团队等条件

对于出版社，要具备必要的基础条件和基础工作。包括内容、技术、人员团队、平台等。第一，要在某一领域具有足够丰富的高质量的内容。第二，要掌握一定的技术。第三，要有一支数字科普出版物策划开发和市场运营的人员团队。

例如，科学普及出版社（暨中国科学技术出版社）成立于 1956 年，至今累计出版各类科普、科技类图书 3 万种，在业界有较高的社会影响力。作为一家专业的图书出版机构，拥有门类齐全的专业团队，在少儿科普、成人科普、健康科普、农业科普、社区科普、应急科普、科技专著等领域均具有较强的编辑策划力量。近年来，本社所出版的各类图书先后荣获中国出版政府奖、国家科学技术进步奖、新闻出版总署“三个一百”原创出版工程优秀图书奖、“新闻出版总署向青少年推荐的百种优秀图书”“中国童书金奖”等多项重大奖项，产生了良好的社会效益和经济效益，为《全民科学素质行动计划

纲要》的实施作出了应有的贡献。

科学普及出版社通过对全社图书内容资源和出版社门户网站开发建设，掌握了数字出版需要的主流技术，如互联网技术、数字多媒体技术、大型数据库技术等。出版社还成立了信息中心，引进了IT技术支持管理人员、数字出版产品策划加工人员和网站运营管理人员，包括文字、图片、3D动画、音频、视频加工制作人员等，正在组建专门的数字媒体中心。

2. 出版社应进行的相关基础工作

为了进行科普出版物及衍生品的开发与产业化运营，出版社要对基本主题的图书内容进行数字化加工，与技术商通过密切合作打下相关的技术基础，建设和管理网络平台。

科学普及出版社在数字出版方面做了许多基础工作。例如，2005年年底，科学普及出版社就与北京方正阿帕比公司合作销售B2B电子图书。由科学普及出版社提供排版文件数据光盘，由阿帕比公司进行格式转换（CEB格式）、加工、加密并进行销售。由此了解了B2B电子书销售市场，积累了电子书内容与用户的关系及销售工作经验。

2011年9月，出版社升级了出版社门户网站：http：//www.cspbooks.com.cn，网站界面更加友好，内容更加丰富，用户流量显著增加，为运营数字出版物发布平台积累了经验。2012年，科学普及出版社与美国磐石公司合作，开发基于苹果App STORE的应用App，与苹果公司按3 ∶ 7分成销售出版的科技图书。2013年，科学普及出版社还与汉龙思琪和国图公司合作，开发销售“学科发展报告”数据库。

科普出版社通过与第三方公司（阿帕比、磐石）合作进行了B2B、B2C模式的电子书产品销售，其全新的数字出版网络发布于电子商务平台——果脯网，该网目前正在研发建设中。

通过以上工作，科学普及出版社已经具备数字出版物开发和产业化运营能力。

三、目前国内科普数字出版产品的问题、机遇与突破口

1. 目前国内数字出版产品和产业中存在的问题和机会

目前国内主要的数字出版产品是技术公司或平台商制作的原版原式电子

书，没有多媒体功能，技术含量低，不能满足用户的需求。科普数字出版物也不例外。而且，这些低附加值的电子书是由当当、京东、亚马逊、移动阅读等平台商进行销售，价格低廉，出版社不能获得与所提供内容相称的收益，在数字出版产业链中被边缘化，失去出版产业的主动权，不利于出版企业的发展和向现代出版业转型。单纯与电商平台合作进行数字出版，是存在很大问题的。

从另一个方面来说，电商平台的电子书没有科技和科普特色，由社科、文艺、少儿、教育、科技、生活等出版物组成，专业性不强，不利于科技和科普用户获得自己需要的产品。所以，专门的数字科普出版物发布销售平台短缺，对于科普类出版社来说，是一个机会。

所以，我们做科普数字出版物及衍生品是有机会的。我们应在此方面做好工作，策划出优秀的科普数字产品并使之产业化。

2. 数字科普出版物及衍生品开发运营工作的突破口

根据目前国内情况来看，出版社将图书的电子版提供给电商平台或移动运营商，出版社获得的收益非常有限，出版社自己掌握技术，开发读者需要的数字产品，非常重要。

（1）数字科普出版物软件：该软件应采用当前最新技术，实现电子出版物制作的简单化、多功能化，采用该软件，人员可在电脑上快速地对视频、音频、动画、图片、文字、练习题和问卷、各种手势操作以及评论等交互式内容进行组合排版，自动生成基于 PDF、HTML5 等标准的数字媒体格式；通过阅读器——安装在移动阅读设备上的软件，可发布于苹果应用商店和出版社的应用发布平台，供读者快速购买、下载和更新数字内容。

软件要基于国内通用的排版软件 ADOBE INDESIGN，可支持纸书出版，满足复合出版需求。本软件还可对数字内容的信息安全和版权加以保护，维护内容出版者的合法利益；也可记录并分析读者反馈，支持读者与读者、读者与作者的互动，为读者带来新的阅读体验。这一工作，出版社可以与技术商合作进行，避免专门的技术商开发的软件个性化差、对用户了解不够、不能接地气，重新改造定制开发时间长、投入大的问题。

（2）多媒体电子书开发：适合青少年的、有互动的、有虚拟现实和增强现实（VR 和 ER）的、有体感互动的、有智力开发功能的 3D、4D、5D 多媒体科普电子书，内容涉及宇宙、海洋、航天、地理、生物、人体、医学等。

随着神十的上天与天宫一号对接，宇航员王亚平在太空讲解物理学知识，更会吸引大批小读者的喜爱和一些家长用户的欢迎，有一定的市场前景，特别是对于幼儿园、校外青少年活动站、科技馆等。一些有经济能力的家长，也会购买这样的电子书。

（3）网游开发：适合青少年的大型科学网游，使角色扮演与策略相结合，以宏大的世界科技史为背景，各国科学家为自己祖国的强大而努力，并展开激烈地竞争。游戏玩家必须发展自己国家的农业、工业、军事，使本国科技遥遥领先，不然就会被别的科技强国所压迫，花钱去买别国的技术与产品，甚至面对强国的船坚炮利而遭到侵略，落后就会挨打，实力不对等就无法和平相处。在游戏中，玩家需要体验各种科学技术手段，如提高农作物的产量需要玩家想办法解决，钢铁冶炼也将让玩家体验由矿石至铁块的整个过程。以科学技术为中心的各种体验将在游戏中展开。

游戏者会有各种体验。有漂洋过海的留学体验，有在实验室通宵达旦攻关的体验，也有站在诺贝尔领奖台上万众瞩目的体验。

开放式的选择。游戏者会站在国家的高度来看待与科技有关的事件。例如，当游戏者所在的国家发生“抢盐”事件时，就需要游戏者进行处理，不处理就会面临着资源短缺。

道德的考验。会不会把别人的科研成果据为己有？会不会在研制出核武器时建议国家对他国使用？对科技落后的国家采用经济控制，科技援助，还是军事入侵？游戏者可以自由选择。但不同的选择会导致不同的结果。

电子书植入。在游戏中，游戏者需要获取某方面知识时，可以直接到电子书店购买阅读。如，游戏者在试制火箭时，可能会用到火箭技术，否则将无法研制。游戏者可以到书店直接购买火箭方面的电子书。

广告植入与其他增值服务。游戏本身为免费的，但提供增值服务，例如，发送 2 元短信可获得游戏者所有研发过程的录像与知识电子书；发送 2 元短信可实现游戏中的虚拟货币一直充足，不至于缺乏科研经费；发送 2 元短信可以得到“时空号”，保证相互认识的网友在同一个空间之中等。

四、数字科普出版物的发布与销售平台建设、管理与营销推广

1. 数字科普出版物的发布平台建设

科普出版物及衍生品需要通过一定的平台发布，方便用户下载使用。该

平台将是集数字出版物及衍生品发布、宣传、销售于一体的平台。数字科普出版物内容包括少儿科普、成人科普、健康科普、农业科普、社区科普、应急科普等。出版社原有科普图书文字、图片、音频、视频收集、加工、整理。整合、吸纳社外优势科普资源，积累一批拥有知识产权的内容资源。

本数字出版物发布与销售平台内容不但包括科普知识，还包括科学史和科学人物，如古今中外科学家的传记和故事等，有助于传播科学知识、科学方法、科学思想和科学精神，从而全面提高人们的科学素质。

数字科普出版物发布与销售平台支持多终端，包括 PC、平板电脑、智能手机，包括 iOS（苹果）、Android（三星等）、WINDOWS 8 及 WP（微软、诺基亚），出版物表现形式有文字、图片、音频、动漫、视频等，有多操作系统的客户端和各种主题的 App，能满足青少年学生的需要。

这一数字科普平台要实现产业化，具有商业价值，还要支持多种方式的支付方式。其支付方式，可包括网银、支付宝、阅读点卡、手机充值卡等多种形式。

2. 数字科普平台的管理

数字科普出版物发布与销售平台由专门的运营团队进行管理，包括网络编辑、论坛与社区管理员、技术运维人员、市场推广人员、客服人员等，保证平台的 7×24 全天候服务。

通过吸引人气和留住网友，数字科普出版平台能积聚一大批科普爱好者，形成科普迷的网上家园——兴趣群组和 SNS 社区，交流与科普相关的话题，分享科普资讯、出版物和衍生品，优秀科普爱好者还能以 UGC 的方式创造科普内容。

科学普及出版社正在策划研发中的网站——果脯网，就将是这样的发布与销售平台。除了宣传发布产品，本平台还能组织会员自助出书，上传文字图片和音频视频，做多媒体出版物。

3. 数字科普平台的支付方式和营销方式

为了最大化地实现科普出版物及衍生品的销售，对于这一平台要进行足够的宣传推广。可以通过纸媒、门户网站、搜索引擎、BBS 论坛、博客、微博、微信、二维码等进行宣传推广；通过发布会、推介会等活动，进行线下展示交流；通过大中小学校和科技场馆在一定时间内免费试用，通过进行推广；有奖销售，VIP 会员卡赠送与团购等活动进行推广。

通过平台进行科普数字出版物及衍生品的销售及服务，产生足够的用户流量，经过几年运营后，是可以实现盈利的。

五、科普出版物及衍生品产业化的盈利模式与风险分析

1. 科普出版物及衍生品产业化的盈利模式

科普出版物有多媒体电子书、网游等衍生品，可以各种方式销售，或为第三方提供广告服务，形成多种盈利模式。

（1）B2B 销售。将科普出版物及衍生物产品通过学校、公共图书馆、科技场馆、青少年活动中心等销售，按一定主题、年龄段、性别、职业、文化程度等组建数字科普图书馆向中小学和科技馆销售，满足中小学生和科技馆观众的需求。

（2）B2C 销售，满足家庭个人付费下载需求。支持电脑、平板电脑、智能手机随时随地阅读。科普主题词搜索支持能与课本内容结合，成为中小学科学课和中学生理科教材相结合的家庭个人图书馆。

（3）广告收入。在用户丰富和高流量下，可发布广告。

（4）纸书销售。通过这一网络平台，低折扣优惠销售纸质图书。

（5）佣金收入。通过代理科技场馆门票、科普玩具、教具、科普展品等，向网站会员优惠销售，获得佣金收入。本平台由于十分领先，为避免重复建设，进行资源整合，提高产业规模化、集约化、专业化水平，将向其他相近类型的出版社开发，鼓励中小出版社利用本平台发布其数字出版产品，由本平台收取销售的分成佣金，这类似于阿里巴巴公司的天猫网和淘宝网，盈利模式十分成熟。

（6）网游收入。销售虚拟道具、增值服务、赛事、购买虚拟货币、植入广告等。

（7）其他收入。如组织全国性的科普写作活动，通过活动冠名、出版新的图书并销售。科普出版物相关的动漫、话剧、网游、T 恤、玩具等衍生品开发与销售。电信增值服务。通过组织用户自助出书，获得电信流量分成。

2. 数字科普出版物经营风险评估与应对

数字科普出版物经营有其风险：第一，市场成熟程度较低，个人付费阅读习惯还没有形成；第二，前期投入和运营成本较高，导致收益回报低；第

三，IT 巨头进入数字出版产业，做相近的项目。

但是，我们可以这样进行应对。

（1）先从机构用户做起，从 B2B 启动，将多媒体数字科普出版物及衍生品销售给科技馆、图书馆、文化馆、青少年活动中心、学校等机构用户。还可以在科普日、科普周等，通过配合科普主题活动由政策买单。前期投入较高，但运营成本是可以控制的。对 B2B 类数字出版物，不管是多媒体电子书还是科技学术数据库，完全可以以销定产，按定单生产，减少其他商业网站的“烧钱”行为。

（2）从传统纸质出版到纸质图书出版和数字出版相结合的复合出版，具有一次投入多次产出的特点，前两年投资少而收益不是很多，但三五年间可以摊薄成本。与纸书出版印刷不同，数字出版物复制成本几乎为零，除去运营费用，后几年收入将会提高，获得较高的回报。

（3）IT 业巨头建立全品种数字出版平台的可能性大，做科普数字多媒体平台的机会很小，因为这不是他们的优势，我们完全可以通过科普这一特色经营生存和发展。

总之，数字科普出版物及衍生品的经营是一个新生事物，产业化还正在进行中，需要业内进行多方面的探索。

参考文献

1. 任敏琪，李方庭，王宁远等 . 2013—2017 年中国平板电脑市场投资分析及前景预测报告，中国投资咨询网 . http：//www.ocn.com.cn/2012/1198ping-bandiannao.htm.

2. 傅苄 . 当前的数字出版主要盈利模式和出版社数字出版之路，科技智囊 . 2007.10.

3. 郝振省 . 2011—2012 中国数字出版产业年度报告 . 北京：中国书籍出版社，2012.

4. 中国版协游戏工委（GPC）. 国际数据公司（IDC），《2012 中国游戏产业报告》. http：//web.duowan.com/1208/207854063009.html.

原载：《2012 年科普产业发展高端论坛》

数字出版，出版社能做什么？

据美国出版商协会公布的数据显示，截至2009年6月，美国境内电子书销量已达到创纪录的1400万部，与上年同期相比上涨了136.2%。在我国，电子书市场也受到了硬件厂商的重视，许多厂商抢滩电子书市场。汉王科技董事长刘迎建说，电子书将带来重大的产业调整，首当其冲的是传统出版业，10年后纸质书将被边缘化。而一旦电子书被广泛应用，无纸化办公的潮流也将开始，对打印、复印等办公设备市场将造成冲击。受影响的还包括报纸的发行，可以预见的是，未来图书报刊仍然存在，但是将不再存在于纸上，而是电子媒介上。

但是，个人认为，做数字出版，最重要的并不是硬件技术。例如，最早开发出电子书产品的索尼没有取得市场先机，近两年却被亚马逊反超，也说明了这个道理。美国斯坦福大学预测师保罗萨弗认为，Kindle超出索尼电子书的原因之一，就是它是第一本真正的电子“书”，除了硬件，亚马逊有几十万种图书、杂志和博客的海量内容可供选择、集成。就像纸质图书，胶版纸和轻型纸并不重要，重要的是上面记载的内容。

在这方面，无论是手机、MP3、MP4，抑或现在的电子书硬件设备，中国厂家都拥有最好的产品制造能力，价格低质量好，却无法培育出一个品牌，只能幕后为人代工。

数字产业要靠内容才能取胜，这让我们对汉王有些担心：没有足够多的原创内容，特别是数百种畅销书，盈利会很困难，硬件价格昂贵，没有内容优势，谁会来买单呢？单一硬件制造商，单打独斗做数字出版，有困难。除了手持阅读器，即电子书（电纸书），数字出版可能的盈利模式还包括专业出版的集成数据库免费在线查询、付费阅读和下载，大众出版的手机付费订阅，教育出版的互联网学习培训互动服务等。

互联网免费根深蒂固，短期内基于互联网的普通大众电子书很难形成付费阅读销售模式，侵权盗版问题不易解决。但是，互联网HTML格式书的阅读作为纸书的一种宣传形式，是可以的。若不是 HTML 格式，DRM 加密版权保护过度，用户操作复杂，即使版权能得到保护，也会被许多用户抛弃，无人愿意看，除非是个别的原创集成的类型文学网站可以生存。

与互联网免费习惯不同，手机上网消费模式已经形成，值得数字出版企业重视。正如优视动景董事长雷军所说，“今年是移动互联网发展元年。”他认为，未来 3 年内手机上网用户将超过电脑上网用户，5 年内移动互联网业务规模将超过传统互联网业务规模。目前我国手机用户已突破 6.5 亿，而手机上网用户不足 1.2 亿，但以超过 130% 的速度急剧增长：据中国互联网中心的一项调查显示，未来 3 年我国手机用户将达到 9 亿，手机上网用户将超过同期 PC 上网用户的数量。

爱立信大中华区副总裁认为，随着移动宽带技术的演进，移动终端将会逐渐成为互联网的主要载体之一，“从手机和 PC 的数量对比来看，目前中国的手机普及率是 PC 普及率的 5 倍左右，这表明人们使用移动互联网的渠道更加便捷。”而中国移动副总裁的预计则更为乐观，他表示，2010 年访问移动互联网的用户将超过使用传统的互联网接入用户。难怪中国移动在电子书方面下大功夫，采购设备，与内容提供商四六分成做电子书销售业务。

不光中国移动这样的运营商，规模较大的内容集成商、硬件制造商、发布销售商，如果联合技术商，自创内容加上外购内容，都是有机会的，如盛大文学、龙源期刊网、中文在线、汉王、津科、金塘、易欧秋、当当、卓越亚马逊网等。

出版社怎么办？自己内容有限，与别人合作，技术上受制于人，没有话语权。大的出版社，尚可利用足够量的资源，在合作中取得一定的话语权，但中小型出版社，则存在一定困难。如果中小型出版社联合起来，是有机会的，但由于当今体制问题，合作还是不现实的，只能寄希望于转企改制后，通过企业并购取得规模优势。

在联合之前，出版社能做什么？不是花费人力物力财力转换已有图书的格式，而是增加原创力量，搭建人才平台，跟踪最新市场变化，整合优质的内容资源，在细分领域做全面、做专业、做大做强，发挥、巩固自己的优势。

有了人才、内容优势，自己就不怕在合作中处于不利地位，如果你可有可无，就没有话语权，合作是被动的。

除了内容集成，早期的读者培育期，价格是个关键因素。目前，电子书核心技术都掌握在中国台湾地区以及美、日等少数几个厂商手中，电子书的成本太过高昂，市场小，早期进入的硬件生产商没有多少利润，出版社更不可能有什么钱赚。尽管按照产业规律可以预见未来相关零部件价格会大幅下降，但厂商们在购买图书内容时不会有很大的投入，他们要把钱省下来打价格战。这时，放公版书，是手持电子阅读器生产商的一个可以理解的选择。在欧美，只有亚马逊一家，它只是和索尼等几个硬件技术商抢市场，它有垄断地位，会要求出版社降低价格，有的硬件商没有这个能力。这样，中国的内容提供商——出版社可以超脱而继续观望。当然，从中长期来看，观望对自己并不利，会更加被动。

以占据电子书主要成本的电子里水（E-mk）技术来看，决定阅读器显示质量的关键电子纸技术，中国台湾地区厂商（如元太等）已掌握了电子纸整体的产业链，可说是取得了最佳的战略位置。但他们市场不大，要依赖大陆市场。汉王使用手势识别技术，可以有些优势。但还需要与内容提供商合作。出版社有机会等阅读器在市场中长大，在几个硬件商中选合作伙伴，不会担心像亚马逊那样的垄断压力。

出版社要根据自己的情况，发挥自己的编辑人才、优秀内容和集成化资源的优势，引进或培养既懂图书策划又懂信息技术和互联网市场的复合型人才（而不是用几个软件的美编和电脑维护人员）。例如，专业出版要走特色和整合之路，通过某个专业的数据库（如医学法律），知识元标引，通过细分特点，走小而专之路，等待未来整合中的话语权。大众出版可专注于手机文学，签约大批优秀写手，掌控内容，提高自己在手持阅读器（即电子书或电纸书）和无线 3G 运营商中的话语权。教育出版可以走互联网多媒体教育服务之路，从卖书走向卖服务，通过收费的在线学习（教材免费吸引人气，注册用户才可获取参考资料、课件、练习题）、名师互动答疑付费等方式获利。

移动互联网三部曲之三：阅读

数字出版和数字阅读一直是业内关注的话题。技术商、平台商、运营商、内容商、终端商以及SP们都在进行探索。总的来说，技术商、平台商、运营商相对积极，出版社动作比较小。

大部分出版社的图书资源有限，适合移动阅读的内容更少，对技术和产品掌控能力弱，人员和资金不足，造成在移动互联方面步子不大。大众阅读由于定价低、投入大、付费意愿低、市场不成熟、再加上盗版等因素，出版社更为谨慎。PC互联网时代，出版社其实也没有赚到多少钱，在移动互联网方面，动作慢和小也是正常的。印刷纸书仍然是他们的主要利润来源。

从机制上看，出版社是传统企业，甚至是刚转完企业机制仍为事业单位的国有性质，社会资金进入退出受政策限制还不能像其他企业那样正常进行投融资和IPO，使得先探索新产品和切分市场而后取得利润的动力大大不足。这是深层原因。一些出版社尝试了App开发，多数是与技术商合作，个别是出版社招聘技术人员开发，放到苹果Appstore平台销售，iBookstore销售分成。但基本上是试水性质，个别图书适合用户，有些少量收入而已。因为付费下载的还是少数，越狱盗版是国人大部分的想法。即使做了App，如果推广不利，如不怎么投入刷榜以“营销”，效果也不太理想，投入产出不值。国人在iPad等平板上，依然以娱乐为主，玩游戏、看视频、发微博、聊天仍然是主要需求，付费意识不强。即使花点钱，也是少数人的行为。面向大众市场，还是要经过市场培育期。

现在，苹果AppStore中的应用已达到77.5万个。数据研究公司Onavo发现，在美国，只有1000个应用用户数量超过5万。置于iOS平台，这意味着剩下的77.4万个应用用户数不足5万。人们的设备上安装了很多应用，但真正被“应用”的有几个？图书尤其困难。还要找到自己的用户，书报还是以内容取胜的。出版社自己做平台积累用户，很重要，建立读书数据库也很重要。这一过程慢不要紧，路子错了，依赖别人，想找大而全的公共平台将图书产品一交了事，成功很难。数字阅读企业还是要摸索自己的道路。

在移动互联网时代科普出版社也在积极地尝试数字阅读。我们与美国磐石公司合作，已将出版的“学科发展报告”系列图书开发为苹果 App，上传到 AppStore，已获得了收入，而且是美元。付费者是外国人。科普出版社利用本社的优秀图书内容资源，与技术商合作，通过平台销售，取得一定的社会影响和经济利益。

下一步，我们还将立足自己的优秀科普内容资源，建立自己的科普数字出版内容发布平台，开发自己的阅读客户端，将内容推送到智能手机、平板电脑等多种移动阅读终端，包括 iOS、Android、WINDOWS8 等。国家越来越重视科学普及，提高公众科普素质是各级政府的工作之一，在大众付费市场尚不够成熟时，我们可以走 B2B2C 之路，开发科普阅读移动互联网产品，由机构买单、读者获益，以多媒体和新载体手段的方式普及科学知识，从而提高读者的科学素质，将公益活动与企业行为结合起来。待市场完全成熟后，再进行 B2C 的移动互联网阅读，解决内容、产品、平台、终端、支付等种种问题，从而实现出版业的转型。我们的移动互联网科普阅读平台，内容整合与产品开发制作等，都正在建设之中。

原载：《电脑报》2013-2-25

未来电子阅读器的盈利模式

中国的IT厂商和互联网运营商，经常模仿国外的盈利模式，如当当与亚马逊，百度与谷歌，淘宝与易倍，搜狐、新浪与雅虎，校内与脸谱，优酷、土豆与YouYube等。到了2008年，亚马逊Kindle 1的销量突破50万台，Kindle 2三个月的销售额高达1亿美元，还一度卖到断货。而今，包括惠普、戴尔、联想、华为、索尼在内的近100个品牌都在酝酿推出电子阅读器，中国的厂商们，也看到了这一点，争相要当“中国的亚马逊”。

从2009年开始，电子（纸）书发展出现了拐点，电子阅读器仿佛一下子火起来了。积蓄了力量的厂商铆足了劲，以期在市场上分得一杯羹。汉王在电视上做广告，在创业板市场上取得了很好的收益。在长长的分羹名单中，有了方正、中国移动、大唐、中文在线、汉王、翰林、金蟾、EDO、龙源期刊、盛大、百度、中国出版集团等企业，张江基地、浙江基地、天津出版集团都没有闲着，番薯网在做数字图书门户，下载内容供阅读器使用。在这一队伍中，也有报社、杂志社和出版社的影子，虽然数目并不大，因为他们没有技术优势，是最初级的“内容提供商”。

许多人为了电子阅读器的市场而兴奋，准备赚它一笔，靠什么赚钱？开始都想靠卖硬件产品挣钱，尤其是卖硬件起家的公司。卖设备赚钱，即通过创新技术提高电子阅读器的功能附加值，如手写识别、加批注，与其他读者互动等，以获取高利润，但是，现在的价格太高，只能是小众产品，是礼品。这种产品可以面对高端用户和行业系统用户，即B2B，像金融证券业、法律业、传媒业等。

现在，网上有许多没有版权的图书，供用户免费下载阅读，这是互联网的盈利模式，通过免费带来人气，通过人气，其中的VIP用户会花钱购买其他产品，即所谓的电子商务模式，图书不过是提供的一种增值服务。这是一种办法，以内容换来用户，以用户中的VIP赚钱。这是互联网的现实和手持阅读器运营商未来的一种盈利模式。不过，有了免费的内容，谁还想花钱买？这就是以 PC 为媒体的纯粹想卖电子书的出版社的悲哀。手持阅读器的情况也不会好转——有了免费的，谁还花钱？除非是机构用户，如图书馆，但 B2B 图书馆已经饱和了。

那么，路该怎么走？用户免费是可以成为盈利模式的，前提是用户足够多。例如，传媒企业，像电视、广播等。如果大量的内容免费，这些免费内容可以吸引大量用户，电子阅读器运营商可以通过广告获利。如果是文字图片视频，还可以用植入式广告，这种仿广播电视媒体的盈利模式，必将成为下一个主流。前提是，图书内容是大众化的，而且要是多媒体的。

还有一种模式，是免费或以极低价提供电子阅读器，靠内容下载获利，这是所有出版社的想法，卖内容。卖内容赚钱，也就是利用强大的内容资源获取会员费、包月费、下载费等。如果是在免费资源不存在的情况下，销售图书内容赢利将是一个很好的盈利模式。这和电影较为接近，买票看内容。现在电子阅读器动辄两三千元、四五千元的价格看起来利润丰厚，但比照手机、电脑等数码产品的发展规律，随着技术的革新，用不了多久，其价格就会大幅下降。当产品趋向同质化时，“内容”将是决胜市场的一个关键。但是，Kindle 是依托于亚马逊无限庞大的内容库赚到了钱，如果内容不够多，还是有困难的。

单纯卖公版书，靠高价硬件生存，市场做不大，而且几乎所有人都在乐观预计它的前景，但是当所有人都认为它是“蓝海”时，其实它正在变成“红海”。

未来的市场不可限量，但该如何避免同质化的竞争，在市场上一枝独秀？还有待深入挖掘。

比上面这几个商业模式更具潜力的，是将电子阅读器变成超级营销工具，推广工具。

如果用电子书作为媒介收集客户信息，推广其他高附加值产品，也许赚取的利润会更多。以美容美发电子书为例，它的购买者大都集中在美容院、美发厅，美容行业协会可能是潜在的团购客户。为了收集数据库，电子阅读器生产厂商可以为协会制定优惠的团购政策，让他们最大程度拓展用户群。等累积一定量的用户群之后，便与美容品、美发品供应商合作，在电子书上推广他们的产品，赚取推广费或者佣金。电子书的利润也许并不高，但背后的推广费和佣金可能非常惊人。其实，不少美容美发企业的确需要这样内置企业信息和产品信息的超级工具来激励、管理代理商、经销商以及消费者，并以此了解他们的需求。从这个意义上讲，将电子阅读器当营销工具卖的团体消费市场才是一片真正的“蓝海”市场。

原载：《出版参考》2010-04-19

电子书价格该涨还是该跌？

——精品电子书是未来的方向

日前，第九次全国国民阅读调查报告公布，接触过数字化阅读方式的国民能够接受一本电子书的平均价格为 3.50 元这一调查数据引发热议。有观点认为，低价位的电子书不能反映数字出版的真实状况；有人称这一数据恰好体现了国内目前数字出版的消费水平。但出版社往往不赞同，认为价格太低了。

电子书价格到底应如何？涨还是跌？

个人认为，出版社要有主动性，不能单指望电子书平台给个好价钱。要掌握主动权，不光是原版原式转格式的低价“电子书”，还要考虑开发多功能的数字出版物——真正的电子书。

对于目前电子书的现状，要从两方面考虑。如果是纸电销售高峰已过，出版商已获高额利润，作为残值销售，也许是合理的。如果是独立于纸书的电子书，多媒体电子书，用户体验好、互动性强的电子书，显然定价低是不合理的，因为从投入来看，低廉的价格对于出版社来说，甚至不能支付直接成本。而且，对于原创内容如此廉价销售，用户会产生电子书不值钱的认知。纵观其他产业发展历程来看，新产品的推出一般是高价的，是撇脂效应，大量生产之后，推出了更新的产品，原有产品才会低价销售。

显然，对于数字图书，是一种新的形态，显然应高价才对，以后再降价。电商平台以低定价为策略，显然醉翁之意不在“书”，而在于流量、用户，甚至是 IPO。这对出版社不利，会影响数字出版产业链的规范化，阻碍数字出版产业的发展。从出版社角度看，应具有数字图书价格的主导权。不然，产品的利润就不能得到保障。

产品定价的根据是成本 + 利润，促销也是有限度的。当然，电子书的形态也在探索中，第三方支付也是可以研究的。应是出版商与销售合作共同做大市场，而不应是由电商平台进行主导，真正的出版商反而被边缘化。未来出版社还要有主动性，研究好数字出版，做多媒体电子书，独立于纸书的原电子书，做数据库，做 App 应用。从运营业说，出版社要学会自己运营，不能只是把电子文件提供给电商平台，由他们进行转格式、做 DRM、促销和销售。数字出版。出版社完全可以聚拢读者群和社区，为读者提供更好的服务，实现产销的一体化。

原载：《出版商务周报》2012-7-2

App，出版社如何对待？

最近几年，苹果智能手机 iPhone 和平板电脑 iPad 如日中天，引得无数传统互联网厂商和手机厂商进入这一领域，欲分得一杯羹。除了硬件利润，还想获得移动互联网的入口，成为移动用户的平台商。其中，产生了无数的产品，如米聊、360 助手、微信等。

App 的前世今生

App，是英文Application 的简称，即“应用程序”。应用程序，但不是所用的应用程序，而是在应用程序商店购买下载，付费或免费的程序。由于 iPhone 等智能手机的流行，App 指智能手机的第三方应用程序。比较著名的 App 商店有 Apple 的 iTunes 商店，Google 的 GooglePlay，诺基亚的 Ovistore，还有 Blackberry 用户的 BlackBerry App World，以及微软的应用商城，中国的安卓商店，还有 91 助手、豌豆荚、安智市场、机锋市场等。

一开始 App 只是作为一种第三方应用的合作形式参与互联网商业活动中去的，最早是苹果公司允许用户从 iTunesStore 或 MacAppStore 浏览和下载一些为 iPhoneSDK（应用开发套件）或 Mac 电脑开发的应用程序。用户可以购买收费项目和免费项目，让该应用程序直接下载到 iPhone 或 iPodtouch、iPad、Mac。其中包含：游戏，日历，翻译程式，图库，以及许多实用的软件。后来，随着互联网越来越开放化，App 开始被更多的互联网商业巨头所看重，他们开发了大量的应用商店平台，一方面获取流量扩大影响，另一方面赚取平台使用分成费。

AppStore 模式的意义在于为第三方软件的提供者提供了方便而又高效的软件销售平台，使得第三方软件的提供者参与其中的积极性空前高涨，适应了手机用户们对个性化软件的需求，从而使得手机软件业进入了一个高速、良性发展的轨道，是苹果公司把 AppStore 这样的一个商业行为升华到了一个让人效仿的经营模式，开创了手机软件业发展的新篇章，AppStore 无疑将会成为手机软件业发展史上的一个里程碑，其意义已远远超越了“iPhone 的软件应用商店”的本身。它加速了用户从有线固定互联网用户向无线移动互联网用户转移，成为了一个新的产业业态。在苹果 App 平台上，当年的电脑巨头微软公司，也只是苹果 App 平台上的一个普通用户，影响力微乎其微。有人说，苹果手机 +App+ 应用商店平台，使苹果牢牢地控制了用户，抢占了移动互联网的入口，牢牢黏附了用户，打败了微软，成为 IT 新时代的产业巨头。

App，挡不住的诱惑

与 PC 固定互联网阅读时代的电子书不同，App 运行在一个封闭的用户已知的平台上，盗版几乎不可能，付费方式多样且很便捷。这就吸引了无数出版人的目光，想从中赚取数字出版的收益。

确实，苹果在线商店 AppStore 年收入近 24 亿美元。根据调研机构 AdMob 的最新报告，每位 iPhone 用户从苹果 AppStore 在线商店平均每月下载 10.2 个应用程序，iPodTouch 用户平均每人每月下载的则更多，达到 18.4 个。苹果从 AppStore 中每月平均收益近 2 亿美元。

根据 AdMob 的调查，大多数苹果用户会从免费版升级到收费版本软件，平均每位 iPhone 用户每月在 AppStore 上会花费 9.49 美元，2640 万 iPhone 用户每月会给 AppStore 带来 1.25 亿美元的收入。iPodTouch 用户平均每人每月会在 AppStore 上花费 9.79 美元，1860 万 iPod 用户每月会给 AppStore 带来 7300 万美元的收入。2013 年用户在 AppStore 的消费总额超过 100 亿美元，其中仅 12 月份就超过 10 亿美元。

从 App 类别分布可看出，应用数量最多的类别是书籍类（17%），这应该与书籍类应用的开发成本较低、可批量操作有关；居第二位的类别是游戏类（14%），毫无疑问，游戏是 AppStore 上最赚钱的应用类型，吸引了很多开发者；其他的如娱乐（11%）、教育、生活方式等也比较受消费者的欢迎。

AppStore 的产业链简单明晰，共涉及三个主体，即平台商（如苹果公司或安卓平台商）、App 开发者、App 用户，与图书出版发行过程中作者——出版社——印刷厂——书店——读者这种五个主体的方式相比，无疑要简单得多。

应用软件 App 的开发上传者，可以自主运营平台上自有产品或应用，如自由定价或自主调整价格，也可限时免费促销，还可以免费通过广告收入盈利。用户只需要注册登录 AppStore 并捆绑信用卡即可下载应用程序。AppStore 为用户提供了更多的实用程序、良好的用户体验及方便的购买流程。与电子书经营时间、电子书销售价格与折扣受制于电商平台完全不同，自主性有了很大提高。

App 定价不高，中国区的 AppStore 可采用人民币支付。0.99 美元对应 6 元人民币，1.99 美元对应 12 元人民币，2.99 美元对应 18 元人民币，3.99 美元对应 25 元人民币，4.99 美元对应 30 元人民币，5.99 美元对应 40 元人民币，6.99 美元对应 45 元人民币，9.99 美元对应 68 元人民币，11.99 美元对应 78 元人民币，15.99 美元对应 108 元人民币。这一区间，完全适用于大陆地区图书的价格。

于是，不少出版社跃跃欲试，单独开发或与技术商合作开发，经营自己的 App 了。

App，想说爱你不容易

与美好愿望不同的是，PC 时代出版社没有赚到什么钱。在移动互联网时代，他们的“运气”依然不佳。对于出版社来说，App，爱你并不容易。

和出版社争夺 App 的，不只是其他出版社和民营出版商，还有无数的 App 开发公司、经营公司，其中不少是资本雄厚，目标是企业上市而不是短期内靠销售 App 获取收入的公司。特别是少儿教育类 App，他们有让出版社汗颜的资金，数额巨大，免费送礼物，刷排名，免费买手机送给用户。

更令出版社没有想到的是，其中还掺杂着不少 App 开发商，他们的想法与出版社卖内容的思路完全不同：这些 App 开发商不是为了销售 App 赚钱，而是靠大量用户免费下载赚广告收入的经营商。模式是免费应用 + 广告收入。

基于国人喜欢免费的消费心理，AppStore 很大一部分应用都采用了这种方法。虽然短期收益低，但是可以细水长流。长期看来在国内是比较占优势的，更有甚者，相同的应用，国外采取收费模式，国内同步推出免费 + 广告，双管齐下也是个人开发者广泛采用的盈利模式。这就让不少出版社卖内容的 App 直接出局，没有能力让人看到，何谈购买。

一些厂商的App，不是直接销售，而是内置收费项目，先吸引人免费下载玩，然后计上心来，让人掏腰包。

应用提供免费下载，但是内部提供增值服务收取费用，是大开发商普遍采用的方法。主要通过为用户提供常规功能之外的扩展性服务赚取利润，如虚拟道具、解锁关卡、扩充存储空间、升级用户权限、提升隐私级别等等。这也是由于前几年PC网络游戏行业产生的一种被验证为“更能掏空消费者钱包”的一种盈利模式。

面对这些，许多出版社并没有充分了解，也没有针对性的对策，他们中的大多数，除了少数App产品外，大部分都铩羽而归。

出版社：应如何对待App

去年以来流行线下企业要有“互联网思维”，就是说，做数字出版，包括App开发与经营，必须有互联网思维，要摒弃传统出版社多年形成的出版就是卖书、卖内容的思路，若只是转个格式换个终端，仍然只是让消费者花钱买内容阅读的思路。产品要做到极致，反复修改，数万用户测试。通过用户的口碑，口口相传。免费才是硬道理，收费要在免费之上进行。通过广告来获取收入。

另一思路，是图书内容转化App游戏模式，好玩，利用道具、装备等购买来获取收入。

如果真要直接收费，也要在限期免费的基础上，先尝后买。前提是内容、界面、用户体验，要做到极致。第一期是免费，让用户形成依赖，第二期、甚至第三期再选择收费，要放长线钓大鱼，不能急功近利。

开发App不是生产图书，不能量大，而是少而精，一个App，销售给若干用户，而不是几百种书，每种销售给几千用户。

最后，是改变目前的急功近利靠直接App产品赚钱的模式，这在短期内难以做到，而是要建立现代企业制度，进行公司化、股份化，与互联网公司合作，或引入外来资本注册新的有限公司或股份制公司，做长线，从产品运营转变为资本运营，争取公司IPO或借壳上市，做大做强，完成从传统出版社向数字新媒体出版传媒公司的转型。

原载：《出版参考》2014年第15期

做数字出版，你有人才吗？

数字出版专业人才目前仍然奇缺，出版社如何培养数字出版专业人才呢？这还要从数字出版需要的不同人才类型来考虑。

近年来，数字出版已引起传统出版社的重视，不少出版社纷纷成立了数字出版中心、新媒体部或类似的机构，积极探索数字出版。但是，数字出版专业人才目前仍然奇缺。不少出版社的数字出版人员是由原来信息中心或总编室的技术维护人员转化而来的，也有的加上对电脑感兴趣的编辑人员，他们组成数字出版部。个别出版社的数字出版人员来自 IT 企业或互联网企业。他们在承担社内电脑网络维护的同时，维护出版社的网站，与技术商或平台商合作，进行数字出版工作。有的出版社则成立了数字出版新媒体公司，包括音像、电子、互联网出版等数字出版相关业务。

不过，不少出版社觉得这些人员工作起来力不从心，不少出版社仍然感觉数字出版人才缺乏，不能真正推动数字出版工作，也不知道如何获取合格的数字出版人才。因此，大力培养和引进应用型数字出版人才是传统出版社产业升级换代的必然选择。

我国在传统出版领域的人才培养较为成熟，人才培养方面已经涵盖了编、印、发各个业务环节，但在数字出版应用型人才培养上还存在问题，功能定位模糊，系统理论知识欠缺，实践能力不足等。如果从 IT 企业招聘技术人员，也存在问题：一是门槛高进不来或留不住，二是来了因为不太懂得出版业务，出版社认为未必能满足出版社的需求。既懂技术和产品，又懂出版业务，还懂得新媒体运营的复合型人才明显不足。

那么，出版社如何培养数字出版人才呢？这要从数字出版需要的不同人才类型来考虑。

我们需要什么样的数字人才？

数字出版的人才类型，有以下几类：一是产品策划研发人员；二是产品生产加工人员；三是平台运营维护人员；四是市场营销人员；五是渠道开拓销售人员；六是对外合作人员；七是数字出版管理人员。依出版社数字出版发展阶段的不同，人员的设置也不同。

这些数字出版人员的功能各不相同。

1. 产品研发人员。他们是产品经理，是根据出版社的图书内容资源、用户需求和各种技术，设计不同的数字阅读产品。

2. 产品生产加工制作人员。包括软件工程师、UI 工程师和美工、校对等工作，是按产品经理的要求，设计生产出数字产品。许多出版社，这项工作是部分外包或全部外包的。

3. 平台运营维护人员。他们要对数字出版物的平台进行产品发布、运维等，包括内容更新、客户服务等。

4. 市场营销人员。他们要对数字出版物产品和服务进行宣传推广，品牌建设等。

5. 销售人员。他们要对数字出版物进行渠道开拓，产品和服务的销售，实现收入甚至利润。

6. 对外合作人员。他们是要与其他技术商、内容商、作者、平台商、运营商合作的外联人员，进行内容购买或 / 和内容转让方面的版权合作，购买或分销等。

7. 数字出版管理人员。他们要对出版社的数字出版工作进行管理，制订数字出版工作调研、发展战略、工作计划，组织产品的研发、营销和销售，人员工作安排，数字统计和质量评估，绩效考核等。

数字出版人才，总的来说应包括：第一，对纸质图书及不同数字技术应用和产品特性十分了解。第二，对出版流程、读者需求和市场有一定了解。第三，能对海量内容资源进行挖掘与整合，掌握富媒体技术和呈现形式。第四，了解数字产品的发布与运营。第五，对数字产品的用户有充足的了解。第六，对产品发布渠道有深入了解。第七，对互联网包括移动互联网以及技术、产品、渠道、终端客户和同类企业的总体市场表现有较深入的了解。

除上述内容外，数字出版的管理人员还要学习发展战略、市场营销及组织行为学等管理学知识，有较好的人际沟通能力。

人才匮乏，制约数字出版发展

目前，我国数字出版人才的缺口较大，不仅是数量偏少，质量也堪忧。

1. 数字出版人才的培养缺乏产业化视野。现在的从业人员知识面往往单一，视野不开阔，只会将已存的排版文件转格式做电子书、做数据库、做App，难以适应数字出版的需要。这与中国数字出版产业落后有一定的关系。

2. 现在学校培养出的人才难以符合数字出版需求。由于培养的出版人才的相对滞后性，教师往往脱离数字出版产业一线，课程大纲不确定、不完善，书本讲义变动大，知识过时快，导致出版从业者被培养时，对数字出版的最新进展不清楚，缺乏对数字出版的全面深入认识，他们往往既了解一点传统出版知识，也了解一点IT技术知识，但不会综合运用，更不知道新形势下，校内学到的知识，在出版社工作时根本用不上，对于经营工作，更是不知所措。不适合出版社的工作需要。

3. 缺乏产业高度和国际视野。特别是现有的数字出版人才，对国外的数字出版与我国的数字出版的阶段性差异缺乏足够的认识，因此不能够适应数字出版产业的发展。出版社的人才，对互联网特别是移动互联网认识不足，对网民需求把握不够，对数字出版新媒体的运营认识偏浅，创新盈利模式不足，与平台商合作卖电子书就难免了。

4. 缺乏高端领军人才。一般的数字出版技术人员和内容人员、对外合作人员不缺，但缺乏数字出版高端领军人才。部分社领导由于年龄、知识、阅历局限等原因，不能成为新媒体数字出版领军人才，而普通的数字出版部门主任之类的人才，又限于日常事务之中，数字出版理论水平、战略规划能力和跨媒体运营能力都不足，只是进行日常维护工作，上不了新台阶，开创不了工作新局面。能够引领数字出版发展的人才是高层次数字出版人才中不可或缺的一部分。高层次出版人才应当包括：数字出版中的领军式经营管理人才、高水平的产品策划人才、复合型的数字出版开发人才、数字时代的市场推广人才、外向型的国际出版人才以及数字平台运营维护人才等。

目前，整个数字出版人才队伍和工作，无论是与出版业，还是与IT互联网相比，都是比较初级的。这严重制约着出版社数字出版工作的开展以及整个数字出版产业的发展。

八大措施，培养数字出版人才

数字出版人才要了解传统出版和数字出版，往往是复合型人才，所以，培养要多下功夫，不能急于求成，要有长远考虑。而且，针对不同的数字出版人才，要采用不同的培养模式。

除了招聘成熟人才之外，还要进行以下工作。

1. 内部轮岗、考证。安排出版社内的技术人员先在出版社内进行为期一年的轮岗，并鼓励他们最好能参加编辑职业资格考试。对于从图书编辑转过来的数字出版人员，则可以安排他们在网站进行轮岗，鼓励他们参加网络编辑职业资格考试。这样，有利于他们成为复合型人才，能更好地进行数字出版产品研发和数字出版产品运营。一些出版社对于新入职本社的技术人员，先让他们进入编辑部门或市场营销、发行部门，了解出版物的策划、开发、营销和销售工作，有条件的，也鼓励他们取得编辑出版发行相关资质。

2. 外出实习或招聘成熟数字出版企业的人才。与国外不同，我国的数字出版的驱动者不是出版商，而是拥有技术、运营推广平台的技术商、平台商、运营商或其中的集成服务商，他们已经形成了完整的产业链和盈利模式。安排数字出版人员到互联网企业或者是发展较为成熟的数字出版公司、领先出版社、电商平台、运营商 SP 等企业进行短期实习工作。他们可以近距离了解这些企业的技术研发工作和生产运营工作，这种培养模式可实现人才数量、质量上的提高。外出实习，进入产业链的上游和下游，对把握数字出版全局，在出版社从事数字出版物的产品及服务的研发运营中，有着重要的意义，可以避免“闭门造车”的现象发生。此外，可以学到他们的实际运营经验。有些出版社就曾经邀请 SP 或电商平台的人员加盟出版社做数字出版。

3. “走出去”——参加各种培训。目前，有许多数字出版方面的培训班，对于刚入职的大学生，可以让其参加相关培训班，以便了解数字出版动态。不过，要了解这些培训班的师资力量和主要课程内容，因为一些不同的数字出版培训班，水平参差不齐，课程经常重复，一些教学人员甚至在不同的数字出版班“走穴”等，事先都要调研清楚，可以避免花钱多收效低。出版社可以只派一两个人参加培训，回来后进行讨论和交流。许多出版社参加了中国新闻出版研究院等单位组织的数字出版培训班，开阔了视野，交流了业内经验，收到了明显的效果。

4. 与设置数字出版专业或研究中心的高校合作。这样，可以有计划组织数字出版人员开展各种形式的科研活动，提升他们的知识水平和能力。产学研无缝结合，既可以提高数字出版教学水平，又能够培养数字出版应用人才。中南出版集团成立数字媒体公司，与北京印刷学院等高校合作，成立了数字出版博士后基地，开展密切合作，培养复合型、实践型出版人才。

5. 参加数字出版年会、展会、论坛、沙龙和讲座。这样做，能够近距离了解数字出版产品和运营平台的最新动态。对一般 Web 电子书、KINDLE 电子书、手机书、POD、数据库、富媒体电子书、基于 iOS 和 Android 平板电脑的 App、电子书包以及主要运营平台和企业的发展有所了解。除了解产品，还要了解经营者。安徽出版集团推出数字出版及新媒体业务，建立校园和社区数字网络教育系统，开通“时代”网上教育平台，开通社交网站“TIME-FACE 时光留影”。在此过程中，培养了一大批数字出版专业人才。

6. 出国考察培训。数字出版发源于国外，欧美国家在数字出版技术、硬件终端制造、平台运营、销售等方面领先，谷歌、苹果、亚马逊乃至施普林格、爱思唯尔、培生、汤姆森－路透、威科等，都是先进的数字出版企业，值得我们去学习。中国出版集团、人民交通出版社、人民邮电出版社、外语教学与研究出版社等数字出版领先的出版机构，都曾派骨干人员出国考察培训，学习交流。

7. “请进来”——请专家到出版社。请数字出版专家到出版社为相关人员开讲座，有针对性地进行答疑，双方共同研究本出版社的数字出版问题，提出数字出版解决方案，在这中间，培养实战型的数字出版人才。科学普及出版社多次邀请了杨再石等专家，进行了数字出版的讲座，指导了图书流媒体二维码视频产品的开发。

8. 干中学。各社情况不同，别家的数字出版探索有借鉴意义但不一定能复制到本社。因为，为了使数字出版人才成长，还要在本出版社内进行数字出版探索，研究本社图书的读者构成、图书的内容特色、市场需求，合作或适时独自开发产品，运营平台，销售产品，边干边学。这样，效果也许会更好。同时，要不断进行社内交流讨论，提高工作水平。中国出版集团公司制定了数字出版发展战略，启动“大佳网”，开始搭建数字出版平台，与美国甲骨文公司进行深度合作，并借助其提供的 Oracle 通用内容管理解决方案帮助中国出版集团公司打造统一的数字出版资源管理平台。与此同时，进行了数字出版人才的培养工作。以上这些方式，可以同时使用或陆续使用。

三条秘笈，引进数字出版人才

出版社要从战略角度高度重视数字出版，认识到从纸媒出版到数字新媒体出版传播是必然趋势，早做早主动，积极推动产业升级转型，有中长期规划，有发展战略，包括人才规划。这样，才不至于停留在操作层面，找几个人做些卖数字版权之类的事情，而是引进高端领军人才、关键人才，以便在数字出版工作中能取得好的结果，甚至在产业中处于领先地位。

中版集团从战略角度重视数字出版，在平台方面，打造了中国数字出版网——大佳网；在专业数据库方面，打造了“辞书语料库”“百科语料库”和古籍、美术、音乐、法律、医学等专业数据库；在出版业务转型方面，搭建“音乐数字平台”“大百科全书（第三版）数字版”；在数字服务转型方面，打造“易阅通国际平台”“译云平台”等。为此，配套引进了许多中高级数字出版人才。

数字出版领先的出版社，在引进数字出版人才方面，都是不遗余力的。业内积累了不少成功经验，也在结合出版社的深化改革上，探索新的办法。

1. 提供比出版业平均值更高的薪酬。数字出版工作是个战略性的工作，不能急功近利。人力资源是关键，他们是智力投入，不是成本。所以，要肯于出高薪。因为，相比 IT 行业，互联网公司，出版社平均薪酬明显偏低，为了吸引和留住人才，一定要提高合理的薪酬，以便筑巢引凤。

2. 为其提供干事业的平台。要信任引进的数字出版关键人才，赋予其人、财、物权，尊重其合理的发展数字出版的战略构思，给其干事业的平台，不能受社内平均主义大锅饭的影响，让其在出版社内打好数字出版基础，做大数字出版业务，扩大品牌影响。为了学习、进修、出国考察等提供必要的支持。

3. 根据 IT 互联网行业企业规律，为关键岗位和领军人物提供股权或期权。当前，全国和各业及出版产业都在进行深化改革，出版社也在探索尝试职业经理人制度，为此，在数字出版部门已成立公司或将要成立公司的情况下，可以考虑给数字出版领军人物和关键岗位人才以股权或期权。有恒产才有恒心，有股权或期权他们才不会有短期行为，而是真正让数字出版业务做大做强。中国出版集团、中科出版传媒集团、中南出版传媒集团、中信出版传媒集团等，就从出版业外的 IT 业引进了不少数字出版人才。

最后，对于数字领军人物和高端人才，除了常规招聘之外，还可以委托专业猎头公司进行处理，从 IT 互联网或其他公司引进这些人才。

原载：《中国出版商务周报》2014-5-2

鱼和熊掌可兼得

——出版社如何培养数字出版人才

近年来，数字出版已引起传统出版社的重视，不少出版社纷纷成立了数字出版部或类似的机构，积极探索数字出版。但数字出版人才目前奇缺。不少出版社的数字出版人员是由原来信息中心或总编室的技术维护人员转化而来的，也有的加上对电脑感兴趣的编辑人员，他们组成数字出版部。个别出版社的数字出版人员来自IT企业或互联网企业。他们在承担社内电脑网络维护的同时，维护出版社的网站，与技术商或平台商合作，进行数字出版工作。不过，出版社仍然觉得这些人员工作起来力不从心，不少出版社仍然感觉数字出版人才的缺乏，不能真正推动数字出版工作，也不知道如何获取合格的数字出版人才。因此，大力培养应用型数字出版人才是传统出版社产业升级换代的必然选择。

我国在传统出版领域的人才培养方面已经涵盖了编、印、发等各个业务环节，但在数字出版应用型人才培养上还存在问题，包括系统理论知识欠缺，实践能力不足等。如果从IT企业招聘技术人员，也存在问题：一是门槛高进不来或留不住，二是来了出版社未必能满足出版社的需求。

那么，出版社如何培养数字出版人才呢？这还要从数字出版需要的不同人才类型来考虑。

一、数字出版人才的类别和功能

数字出版的人才类型，有以下几类：一是产品研发人员；二是技术生产人员；三是平台运营人员；四是销售人员；五是对外合作人员，依出版社数字出版发展阶段的不同，人员的设置也不同。

这些数字出版人员的功能各不相同。产品研发人员，是产品经理，是根据出版社的图书内容资源、用户需求和各种技术，设计不同的数字阅读产品。技术生产人员（包括软件工程师和美工等），是按产品经理的要求，设计生产出数字产品。平台运营人员，是对数字出版物的发布平台进行维护。销售人员，是将数字出版物进行销售，实现收入甚至利润。对外合作人员，是指与其他技术商、平台商、运营商合作的外联人员，进行内容提供或版权合作。当然，还包括数字出版管理人员。

数字出版人才，其共同点包括：第一，对纸质图书及不同数字技术和产品特性十分了解；第二，能对海量内容资源进行挖掘与整合；第三，了解数字产品的发布与运营；第四，对数字产品的用户有充足的了解。部门管理人员还要学习市场营销及管理学知识，包括读 MBA。

二、数字出版人才的培养模式

数字出版人才要了解传统出版和数字出版，往往是复合型人才，所以，培养要多下功夫，不能急于求成，要有长远考虑。而且，针对不同的数字出版人才，采用不同的培养模式。

1. 内部轮岗、考证。安排出版社内的技术人员先在出版社内进行为期一年的轮岗，并鼓励他们最好能参加编辑职业资格考试。对于从图书编辑转过来的数字出版人员，则可以安排他们在网站进行轮岗，鼓励他们参加网络编辑职业资格考试。这样，有利于他们成为复合型人才，能更好地进行数字出版产品研发和数字出版产品运营。

2. 外出实习。安排数字出版人员到互联网企业或者是发展较为成熟的数字出版公司、领先出版社、电商平台、运营商 SP 等企业进行短期实习工作。他们可以近距离了解这些企业的技术研发工作和生产运营工作，这种培养模式可实现人才数量、质量上的提高。

3. 参加培训。目前，有许多数字出版方面的培训班，对于刚入职的大学生，可以让其参加数字出版方面的培训班，以便了解数字出版动态。不过，要了解这些培训班的师资力量和主要课程内容，因为一些不同的数字出版培训班，水平参差不齐，课程经常重复，一些教学人员甚至在不同的数字出版班“走穴”等，事先都要调研清楚，可以避免花钱多收效低。出版社可以只派一个人参加回来后进行讨论和交流。

4. 与设置数字出版专业或研究中心的高校合作，有计划组织数字出版人员开展各种形式的科研活动，提升他们的知识水平和能力。

5. 参加数字出版年会、展会、论坛、沙龙和讲座，近距离了解数字出版产品和运营平台的最新动态。对一般 Web 电子书、KINDLE 电子书、手机书、POD、数据库、富媒体电子书、基于 iOS 和 Android 平板电脑的 App、电子书包以及主要运营平台和企业的发展有所了解。

6. 干中学。各社情况不同，别家的数字出版探索有借鉴意义但不一定能复制到本社。因为，为了使数字出版人才成长，还要在本出版社内进行数字出版探索，研究本社图书的读者构成、图书的内容特色、市场需求，合作或适时独自开发产品，运营平台，销售产品，边干边学。这样，效果也许会更好。同时，要不断进行社内交流讨论。

以上这些方式，可以同时使用或陆续使用。

原载：《教育与出版》2013 年第二期

出版社数字出版发展阶段及对策

当前，数字出版已经不是一个新鲜的话题，许多出版社在技术商、渠道商、终端商的拉动下，或多或少已经有了一定的准备或行动。不过，从出版社外部环境来看，近年来由于数字出版面临产业链秩序不规范，技术标准不统一，网络盗版严重，目前还没有一个清晰的商业盈利模式，短期内很难实现大规模盈利等原因，出版社在数字出版方面的发展明显慢于技术商、终端商和渠道运营商。

从出版社内部来看，由于纸书销售利润尚可支撑，数字出版前期资金投入大，既懂技术又懂出版的复合型人才缺乏等，各出版社的社情不同，认识程度不同，领导重视程度不同，纸书经营效益不同，人员和资金等基础条件不同等诸多原因，数字出版发展快慢不同，进展情况也有所差异。

据笔者了解，出版社的发展情况大致可以分为四个不同的阶段。

一、心动观望阶段

数字出版产业内外早已风生水起，但对处于心动观望阶段的这些出版社而言，还只是作壁上观而已，没有下场一练拳脚。原因是：不识水性，找不到盈利模式；不知道如何下手，与平台商合作，又怕影响纸书销售，怕版权失控。社内没有成立专门的数字出版相关部门，有的甚至没有信息中心，只有兼职的人员，也没有对外宣传网站。

这些出版社尽管面临着纸质图书出版销售下滑，但苦于研究不够，认识不深，不知怎么办；或领导重视不够，还没有行动，可能只是心动。没有足够的认识甚至不参加数字出版相关的会议，或由总编室甚至编辑部人员参加，回去传达一下而已。

这样的出版社现在仍有一定数量，他们可以说是处于“昨夜西风凋碧树，独上高楼，望尽天涯路”阶段。

二、谨慎合作阶段

处于谨慎合作阶段的这些出版社数字出版是由于外部推动，一些技术商、渠道商、终端商不断与出版社联系，要求合作，销售电子书。一些出版社采取了合作的态度，提供了图书的电子文件供对方销售。为了对接合作，出版社成立了数字出版部，或以信息中心的名义，在维护社内电脑、网络的同时，收集、整理出版社原有的电子文件，交由合作方运营，等待收入分成。

但是，这些出版社也感受到渠道商的强势，自己没有话语权，没有主导权，完全被边缘化。独立做还不行，与别人合作吃亏，这使他们很纠结。

这些出版社能积极参加相关的数字出版会议，讨论相关的数字出版问题。但因盈利模式问题、资金问题、人才问题，还不能独立进行数字出版尝试。

三、积极探索阶段

处于积极探索阶段的这些出版社对数字出版产业和自身优势有着十分清醒的认识，经过研究，成立了专门的数字出版部门，领导主抓，以项目的方式申请到部分资金或通过上市募集到相应的资金。有了一定的资金支持，通过招聘和培养有了一支人才队伍，与技术商合作，搭建数字出版内容管理平台，对于出版社积累下来的电子文件进行整理、碎片化、知识点拆分和数据标引，建立若干个主题数据库。

这些出版社的绝大多数纸质图书有一定的实用性，在市场具有较高的份额，一般属专业类或教育类图书，有刚性需求。这些社通过自己的渠道，通过 B2B 的方式销售，甚至产生了一定的收入。他们与一些渠道商进行合作，通过分成获取一定的收入。而且，其出版社的网站也有了较高的流量。

这些出版社考虑的是如何引入复合型出版人才，如何制定绩效考核政策调动现有人员的积极性。他们关注的是如何运营，怎么更多地盈利。

这些出版社积极参加数字出版会议，在会上介绍自己的数字出版运营经验。这些出版社也可以说是处于“衣带渐宽终不悔，为伊消得人憔悴”阶段，他们的数量目前还不够多，大部分为中央级专业社或教育类出版社。例如，人民交通社、社科文献社、人教社、知识产权社、中国轻工社、人民军医社、外研社、中少出版总社等。

四、自主运营阶段

处于自主运营阶段的这些出版企业在数字出版探索方面已经走出了自己的特色道路，找到了盈利模式，有相应资本、场地和固定人员，有独立的内容部门、技术部门和营销部门，工作思路和业务清晰，成立了独立的数字出版公司，独立的网站有了更高的流量，有忠诚的用户，实现了数字产品的在线发布和推广。

他们通过 B2B 和 B2C 的方式有了较多的销售收入甚至利润。他们可能有了合作投资方，甚至受到私募资本的青睐，他们考虑的是如何做大做强，甚至考虑资本运作，通过并购实现上市，或者他们本身就是上市出版传媒集团公司的数字出版公司。

这些出版企业目前还很少，基本属于大社名社或出版传媒集团。他们可以说是处于“众里寻他千百度，蓦然回首，那人却在灯火阑珊处”阶段。这些出版社，有人民大学出版社与人大书报中心合办的人大数媒公司、中南出版传媒旗下的中南数媒公司、中版集团数字传媒公司以及磨铁公司旗下磨铁中文网等。

处于以上这四个阶段的出版社，要如何发展数字出版呢？笔者认为应分别从以下几方面进行准备。

对于处于第一阶段的出版社，领导特别是一把手要高度重视，组织相关部门人员积极关注数字出版信息，跟踪业内发展，招收懂相关业务的工作人员，参加相关培训，参加数字出版相关会议，参加相关技术、业务培训班，获取更多的数字出版资讯和人脉，不能再消极等待，以免错过机会。

处于第二阶段的出版社，务必要认识到只与强势渠道商合作，没有自己的运营是不会真正做好数字出版的。为此，应根据出版社出书方向和业务需求，做好相关项目调查，与出版社的上级主管主办部门配合，积极申请文化创意产业等发展资金，做好资金方面的准备。同时，积极根据社内图书类别和内容资源，成立专门的数字出版部，招收适当的技术人员，根据市场受众和载体终端采用不同的方式加工整理。

对于处于第三种阶段的出版社，要根据自身图书内容优势，做好自己的对外发布平台，提高人气，找到自己的用户群，将数字出版部门分为内容加工、技术支持和营销推广三个相对独立的部门，加大资金和人员投入，并将重点放在产品推广上，通过不断运营，产生更多的收入甚至盈利。要找到合作伙伴，对于达到一定程度的出版社，考虑将数字出版部门注册为独立的公司。

对于第四种阶段的出版社，要巩固自己的盈利模式，不断积累优质内容资源，优化对外发布平台，加大市场营销力度，做好服务，组织线上和线下活动，通过强化运营，不断提高产品或服务的收入，以便做大做强，成为相关细分领域的领头羊，如时尚、女性、孕产育儿、旅游休闲、艺术、青春文学、党史党建、法律法规、财经金融、医药保健、建筑、交通、环保、化工、机工、IT、科普、学科教学、皮书统计、专利文献等。

这些公司还可以进行跨行业合作，如从事旅游数字阅读的公司可与旅游企业如旅行社、酒店、餐馆、景点企业、广告商及团购网等进行深度合作，将自己的用户从阅读转向其他相关消费，获取相关异业营销价值，进一步提高收入。条件具备时，这些公司可考虑通过并购等方式实现上市。

总之，数字出版不是梦，也不可怕，需要我们尊重互联网规律，以用户为王为原则，提高用户体验，提供有价值的刚性需求内容，循序渐进，打造阅读社区，为其提供阅读及增值服务。这样，数字出版才会取得成功。

原载：《出版参考》2012 年第 10 期

浅论科普网游的策划开发与运营

1. 出版社介入科普网游的必要性与可行性

1.1 出版产业发展背景与开发科普网游的必要性

近年来，纸质出版物销售额不断下滑，地面书店不断倒闭，纸质出版发展速度明显放缓。2012 年 8 月 30 日，北京开卷信息技术有限公司在北京图博会上发布“2012 年上半年中国图书零售市场分析报告”，其数据显示，2012 年上半年全国整体图书零售市场小幅增长 0.27%，这一数据是开卷自 1998 年建立监测系统以来的最低增幅。科普图书也不例外，科普图书的市场份额只有 0.4%。与此相反，数字出版的产值却在不断增大。

从数字出版的收入规模构成来看，2012 年我国数字出版产业整体收入规模达 1 935 亿元，其中，互联网广告为 753.1 亿元，网络游戏为 569.6 亿元，包含手机彩铃、铃音、手机游戏等在内的手机出版为 486.5 亿元，而电子书（含阅读器硬件）仅为 31 亿元。在该组数据中，网游收入近 570 亿元，在数字出版总体收入中居第 2 位，远高于电子书收入的 31 亿元。因此，出版社进军科普网游很有必要，开发科普网游前景看好。

1.2 中国网游产业背景与开发科普网游的可行性

2012 年上半年中国游戏市场（包括 PC 单机游戏、互联网游戏、手机网游等）实际销售收入 248.4 亿元，比 2011 年上半年增长了 18.5%。2012 年上半年中国网络游戏用户（含 PC、手机用户）超过 3 亿人，其中，网页游戏与手机网络游戏用户增长速度较快，同比增长率分别为 27.7% 和 70.9%，用户数分别达到 2.05 亿人和 7,820 万人，市场潜力巨大。

科普网游目前的情况是，2010 年 11 月召开的第二届严肃游戏（北京）创新峰会指出，以倡导科普理念为目标的小型游戏较多，大型的科学类网游严重缺乏，科普网游推出正逢其时。因此，出版社进入新的市场、开发科普网游也是可行的。

1.3 出版社进军科普网游领域应具备的基础条件

出版社要进行网游开发与产业化运营，要有必要的基础条件，包括内容资源、人员团队等。科普网游与其他网游产品不同，涉及一定的科学技术知识、科学史内容以及科学家工作和生活的相关背景。缺少这些素材，开发科普网游很困难，容易出现问题。

与科技、科普相关的出版社开发科普网游，有先天的有利条件。例如，科学普及出版社（暨中国科学技术出版社）成立于1956年，至今累计出版各类科普图书1万多种，在少儿科普、健康科普、农业科普、应急科普等领域均具有较强的编辑策划实力，近年来各类图书先后荣获"新闻出版总署向青少年推荐的百种优秀图书""中国童书金奖"等奖项，为开发科普网游奠定了内容基础。

科普网游开发需要一支高水平、复合型的人才团队，这支团队的人员要擅长科普网游的策划和脚本撰写，熟悉原画设定、MIDI、音频、视频、非线性编辑、虚拟现实技术、平台管理等技术操作手段，还要具备市场推广能力等。例如，科普出版社引进了IT技术人员、数字出版生产人员和网站运营管理人员，以及文字、图片、3D动画、音频、视频加工制作人员等，为网游开发打下了良好基础。

2. 科普网游市场调研与类别确定

2.1 市场调研与出版社科普网游定位

从市场调研来看，目前，中国网络游戏多数以娱乐类为主，科普类、教育类网游较少，一些网游还充斥着暴力因素，对青少年成长不利，因此，开发生动有趣、普及科学知识的严肃网游已是刻不容缓。科普网游属于严肃游戏，它不以娱乐为主要目的，而是采用寓教于乐的形式，目的是让用户在游戏过程中能够接收有益信息，得到训练或者精神治疗，所以被用于军事、医学、教育等诸多领域。就是说，科普网游，要有自己的定位，应有科技和科普特色。由此可见，出版社开发科普网游是有机会的，应做好基础工作，策划出优秀的科普网游产品，并使之产业化。

2.2 科普网游类别的确定

根据目前国内情况来看，网游可分为角色扮演类RPG、策略类SLG、动作过关类ACT、射击类STG、冒险类AVG等。2011年，社交网游成为中国网络游戏用户最常玩的游戏类型，选择社交网游的用户比例达到17.3%，大型角色扮演类网游、射击类网游分列第二、三位。出版社不是专门的网游开发公司，应从中选择适合自己的类型，不能全面出击，以免投入巨大而收益有限且必须承担高风险。

为小学生开发网游，可确定为以射击游戏为主，因为他们喜欢动手操作，通过人机互动模拟打枪的情境，从中了解运动、弹力、惯性之类的知识。

为初中生设计网游，角色扮演类游戏比较适合他们，如扮演科学家攻关。而就高中生而言，他们的知识更加广泛，策略类网游更适合他们，如通过人员配合取得科研成果，促进成果转化为生产力等。

目前，科普出版社正准备开发一款角色扮演类与策略类相结合的网游《传奇科侠》。

3. 科普网游的策划与开发

3.1 科普网游的脚本策划

科普网游的脚本策划是科普网游开发的关键，它在很大程度上决定了科普网游的用户定位、功能和市场前景。网游脚本要求主要角色性格鲜明、动作合理，要求情节动人、场景描述细致、关口设置合理、各关之间的桥段有张力、结局耐人寻味，只有这样才能受青少年玩家的欢迎。至于网游开发后期的音乐、动画、视频、虚拟现实场景等制作，是为实现脚本的创意而服务的，是“锦上添花”。

科普网游还要有开放式选择的设计，使玩家站在国家的高度、世界的高度来看待与科技有关的事件。

例如，当发生“抢盐”事件时，就需要游戏玩家进行处理，否则就会引发社会动乱。又如，对科技落后的国家采用经济控制手段、科技手段还是法律手段，玩家可以选择，但不同的选择会导致不同的结果。

科普出版社正在开发的《传奇科侠》大型科普网游，以宏大的世界科技史为背景，讲述各国科学家为自己祖国的强大而努力，并展开激烈的竞争的故事。游戏玩家必须发展自己国家的农业、航天、交通、军事等技术，使本国科技不断进步。

3.2 科普网游的后期开发

网游脚本策划完成后，要进行后期开发，相当于将电视剧本拍摄为电视片。根据目前出版社的技术条件，可以采用联合开发的模式，即以出版社的脚本为主，由出版社的策划人员进行指导，由专门的网游开发公司进行后期开发。

出版社要与网游开发公司配合，有问题共同研究。在原型策划、分镜头脚本撰写中，出版社的策划人员都要积极与网游开发公司沟通，密切配合，从而顺利完成后期开发工作。

4. 科普网游的运营：平台、推广和盈利模式

4.1 科普网游的发布平台与渠道建设

科普网游需要通过平台发布，用户通过平台下载使用。网游支持多终端，包括 PC、平板电脑、智能手机，支持多系统，包括 iOS（苹果）、Android（三星等）等。出版社除了通过自建平台发布网游，例如，科普出版社的网游即将通过自建平台果脯网发布；还可以借助第三方平台发布，如通过盛大、九城、腾讯、网易的游戏平台发布。

4.2 科普网游的营销推广

为了实现网游销售的最大化，要进行足够的宣传推广。可以通过纸媒、门户网站、搜索引擎、BBS 论坛、博客、微博、微信、二维码等推广；可以通过开展发布会、推介会等活动，进行线下展示交流；可以在大中院校和小学、科技场馆开展一定时间内的免费试用活动；还可开展有奖销售，VIP 会员卡赠送、团购等活动。

科普网游的营销推广活动可以重点在科技馆、青少年活动中心、学校进行，满足中小学生和科技馆观众的需求，培养其爱科学、学科学的精神，提高其科学素质。

4.3 科普网游的盈利模式设计

科普网游的盈利模式有很多，可以收费，也可以免费。例如，下载网游

的客户端可以是收费的。

如果游戏本身为免费的，则可以提供增值服务，例如，发送 2 元短信便可实现游戏中的虚拟货币一直足量，不至于缺乏“科研经费”。网游还可以植入广告或提供其他增值服务。例如，可以植入饮料厂商的商品广告，便于玩家累了时订购饮料。

网游中还可以植入电子书商品的广告，游戏中，玩家在需要获取某方面的知识时，就可以直接到电子书网店购买阅读。例如，玩家在“试制火箭”时，可能会用到火箭技术，否则将无法研制火箭，因此必须购买火箭方面的电子书。

5. 结语

科普网游的策划与运营对于出版社而言还是一个新生事物，产业化还正在进行中，需要进行多方面的探索。传统出版社应当主动应对数字化的冲击，化挑战为机遇，从而更好地实现从传统纸质出版到现代数字出版的转型。

参考文献

1. 任敏琪，李方庭，王宁远，等 . 2013—2017 年中国平板电脑市场投资分析及前景预测报告［R/OL］.［2012-08-11］. http：//www.ocn.com.cn/2012/1198pingbandiannao.htm.

2. 傅苄 . 当前的数字出版主要盈利模式和出版社数字出版之路［J］. 科技智囊，2007（10）.

3. 郝振省 . 2011—2012 中国数字出版产业年度报告［R］. 北京：中国书籍出版社，2012.

4. 中国版协游戏工委（GPC），国际数据公司（IDC）. 2012 中国游戏产业报告［R/OL］.［2012-08-02］. http：//web.duowan.com/1208/207854063009.html.

关于数字出版的思考及模式盘点

数字出版的思路转变

数字出版的形态各异，其盈利模式差异很大。数字出版提供者（技术服务商、出版社）的模式未必一定可行，出版单位应根据市场情况和自身优势进行研究，“摸着石头过河”，逐步探索出适合自己的数字出版模式。

但是，传统出版社不论如何都要把自己从产品（图书、光盘，包括 CEB 格式的电子书等）的销售商，变为用户的内容增值服务商，要仔细研究用户（原来叫“读者”）的需求和数字技术的优势，用技术手段来满足受众的需要，将受众黏住，使其转变为用户。如可以开通 BBS、博客、播客等配合，通过类似维客（WIKI）这样的方式合写“书”，利用 SNS 将用户联系起来，并通过即时通信工具（IM）沟通等。如果传统出版社还用出书、卖书的思路，只是想换个载体介质，是很难的。就是说，数字出版离“书”越远，离传统编辑出版越远，与教育、培训、技术交流等离得越近，数字出版就越容易成功。最起码，传统出版单位必须学会宣传推广自己的数字出版平台——网站。

数字出版盈利模式盘点

下面，笔者将分别介绍目前有代表性的十几种盈利模式，并进行简单的分析点评。

1. 手机书模式

代表：方正阿帕比、中文在线

付费接收，计次或包月

与报社、出版社等内容提供商、电信运营商（如中国移动）合作分成。

和互联网图书要“免费”不同，手机付费这种方式的盈利模式明显，消费者基本认同，也可以做大，但内容提供商容易被强势的电信运营商“边缘化”，合作中不占主导地位。根据手机特点和用户量身定制的畅销手机文学，特别是情节动人，符合青年时尚一族阅读的浪漫、武侠、玄幻，又有某种幽默搞笑元素的手机小说，因其门槛较高，盈利量显著，才有可能增加内容提供商与运营商对话的资本。

另外，还有手机报代表:《浙江日报》《温州日报》等。目前是免费，以后可以通过广告盈利。

2. 电子杂志订阅模式

代表：Zcom、Xplus（大部分为生活、时尚类杂志）

免费阅读广告收入

与内容提供商合作分成或单独做内容，在自己的网站上发行。

广告是否能支撑足够的盈利，还是个问题，因为我国网民虽然数量较大，但年龄偏轻，消费能力不足，许多人只是浏览时尚杂志，对广告主的商品没有多少购买能力，这会影响广告投放。如果不是时尚生活类杂志，订阅量又不足，靠广告生存目前仍然有困难。这与以白领为购买主体的纸质时尚杂志的广告有效程度差异明显。

3. 电子杂志（专业）订阅模式

代表：施普林格（Springer）

付费在线阅读、下载

德国施普林格出版集团是全球最大的科技出版集团之一，在全球范围内有 70 多家出版社，主要出版科技、医药等专业类图书和期刊，是世界第一大专业出版商，自有海量内容。

通过与谷歌合作，进行搜索引擎优化（SEO），提高网页的 PR 值，靠“拉”的办法，让用户方便找到相应的内容进行付费，已经取得不少的盈利。但是，我国目前还没有这样大的专业出版商。我们的杂志分散在各个出版单位，又不能进行资本运营来并购，进行专业杂志的数字出版尚有困难。不过，清华同方旗下的中国知网已与许多专业期刊进行了合作，可为用户提供文献的全文检索、知识元查询、知网节点点击服务等，知网能用此获得盈利。

4. 彩铃下载、手机动漫、游戏模式

代表：移动梦网

付费下载

与内容提供商合作分成，也可以自主研发。

这一盈利模式已经成熟。有关内容提供商和技术商获利明显，但这与大部分传统出版社的业务范围距离太远，出版社几乎没有机会。

5. 多媒体在线电子书模式

代表：高教社（网动书）、外研社（课件）

付费在线阅读、下载

自有内容

两社均为内容丰富、质量较高且品牌影响较大的出版社，并拥有资金技术优势，发展战略和运行机制较好，因此，只要这些出版社在自主研发内容方面多下功夫，将市场培育好，其盈利前景十分光明，且成长性将十分明显。

6. 教育内容交易服务平台模式

代表：一百易（100e）

付费在线阅读、下载、学习、互动交流

把出版、教育、互联网有机地结合在一起，但自身不做内容。

一百易以自己的技术为内容提供商、教师和学习者提供一个内容交易、教学互动、教材反馈的综合性、立体式平台，如一对一的授课、多媒体外语学习等。它既可以靠数字图书的销售，同时又能靠网络教学这种增值服务来盈利。网站可以销售上网充值卡，盈利模式清晰、可行。

这基本上是一个 B2C 模式的教育服务网站，实现了数字出版的功能。从长远来看，这种个人消费市场尚需培育，短期盈利尚有困难。但运作得力的话其增长性良好，前景较为乐观。

7. 二维码模式

代表：银河传媒、《解放日报》

技术商获得技术服务费用，内容商获取相应的产品、用户资讯

出版商与技术提供商合作，做产品的调研、宣传、推广，进行精准营销。二维码具有信息量大、纠错能力强、识读速度快、全方位识读等优点。银河

传媒的手机二维码可以印刷在报纸、杂志、广告、图书上。出版商获取独到的服务，便于有效地生产和销售，提高经济效益，技术服务商则获取相应的服务费。在与受众互动方面，受众不但可以查看出租房、二手房买卖信息，通过二维码引导，还可以在上面发表一些评论，使房子信息更丰富。这需要有更多的出版者认识到二维码的功能，认识到其价值。技术商还需要做更多的宣传推广工作。

数字出版平台的宣传推广

有了盈利模式，能否真正成为盈利业务，还与销售（产品或服务）的数量有关，太少了，不能摊薄成本投入。与纸质图书销售中成熟的新华书店、民营批发渠道不同，数字出版的产品或服务，要通过互联网进行，除了海量的知识内容外，数字出版机构发布、推广产品和服务的平台——网站的人气、点击量（Hits）、页面浏览量（PageView）十分重要。对此，许多纸质出版社相关人还没有注意到。用原来出版社网站做销售业务，是非常困难甚至几乎是不可能的，其流量很低。从国际权威的 ALEXA 排名中可以看出，我国的出版社网站排名普遍较靠后，排名较靠前的上海世纪出版集团易文网也只为全球第 66132 位，在国内的排名也在第 9194 位。各个出版社的网站只是为了对外宣传、树立形象，其反向（外部）链接数和页面浏览量都很低，其向外传递信息的功能十分弱，访问出版社网站的人数少而又少。这样，真正购买产品服务的用户就更少，销售量难以达到盈利平衡点。出版机构对于其数字出版的产品或服务平台网站，必须采取相应的宣传推广措施。

第一，网站有一个好的域名，最好为一级域名，简短、意义明确、容易记忆；

第二，数字出版企业可以与搜索引擎合作，进行排名竞价，关键词买断等，以促进购买链接点击（BTB Clicks）；

第三，网民一般喜欢用谷歌或百度搜索引擎定向寻找相关信息，因此，要进行关键词搜索引擎优化（SEO），使自己网站各网页的页面级别（PR）值高，容易被搜索引擎的蜘蛛或机器人（Spider、Robot）发现从而被收录，以便容易被网民搜到；

第四，与人气流量高的门户网站、受众相同或相近的各大型专业网站进行友情链接；

第五，在与受众相关的平面媒体（专业的或大众的，依数字出版物的用户而定）上进行宣传推广；

第六，通过 E-mail、手机短信等方式进行宣传推广；

第七，在各大型 BBS 论坛进行宣传推广；

第八，通过 QQ、MSN 进行宣传推广；

第九，在一些用户中进行产品或服务的免费试用，现场免费发放充值卡，进行使用技能竞赛，等等。

此外，数字出版机构还要从网页设计、后台程序优化、关键词分析、反向链接、网页及时更新维护等方面做工作，以有利于网站页面容易被网民受众注意到。

数字出版在盈利体制方面的保障措施

最后，我们还应注意，有了好的盈利模式和宣传推广方法，并不能代表一定能盈利。从宏观上说，网民受众要有对权威、可靠的知识付费的意识，有方便、信用高的支付方式，数字出版的标准格式统一等问题，都需要解决。从出版机构微观角度说，数字出版技术含量高，市场前景虽然高但风险也较大。因此，为了充分吸引既懂出版又懂数字技术的复合型技术开发和管理人才，发挥出他们的聪明才智，出版社应利用数字出版的契机，做生产关系上的调整改革。

传统出版社应成立专门的数字出版与运作的公司，可以引入社会资本，特别是 IT 企业的资本，由出版社控股，可以由公司的管理层和技术骨干持股或许以期权形式。这些措施，对于数字出版的发展，都是非常必需的。数字出版是与互联网技术密切相关的，经营数字出版就要遵守 IT 企业的游戏规则。数字出版必须采用与 IT 企业相类似的、对于出版社来说是全新的运行机制和管理模式。

原载：《出版商务周报》2007-8-19

数字出版为什么还如此初级?

2014 年 2 月 11 日《中国出版传媒商报》刊登了一篇深度报道:《关于数字出版的一切，你可能全错了》。作为一个研究、实践数字出版多年的从业者，这篇文章给了我太多的触动。它让我不得不思考一个问题：我们的数字出版水平为什么还如此初级?

国内数字出版做了这么多年，仍然是技术商、平台商、运营商唱主角，仍然是以文学类的手机阅读为主，出版社仍然是提供内容由数字出版商加工为产品销售，出版社只是类似纸书时代作者的角色等着拿分成（版税）再与作者二次分成，是“内容提供商”而不是“数字出版商”。

问题根源在哪里?

1. 可能是传统出版社收入尚可，没有必要花精力认真研究，完全可以依靠纸书过日子，消极等待。他们认为，做数字出版，是万万不可的。当然，这是少数。

2. 可能是想做，不知道做什么和怎样做。于是，受技术商、平台商和运营商忽悠，只会当“内容提供商”。

3. 想做，知道做什么但不知道怎么做。没有一个发展战略，缺人才和资金，弄个数字出版部，只是做些技术商加工现有纸书的数据，自己与技术商合作开发个 App，弄个网站，兼顾与电商合作。

4. 想做，但是，因为没有特定的内容资源和渠道。图书内容没有特色，读者对象太分散，出书范围太广，没有规模和品牌优势，做不起来。

5. 想做，也有一定的优秀内容资源，但因为资金有限，运营平台需要长期的过程，没有风险投资进入，国有资本一股独大，第三方投资有进入和退出出口，受制于体制，做不大也做不强。

数字出版这么多年一直是初级，我还得看纸书

传统报刊业转型确实有难度，但也要主动探索尝试，不能消极等待，否则，就是等死。在这方面其实已经有成功的、可以借鉴的先例。至于出版社，业内成功的不多，而且成功的原因大半是由于其特殊资源，在业内不大有推广借鉴价值。我们还是以报业为例说明吧。

《济南日报》旗下舜网成为仅次于人民网的全国第二家上市新闻网站，目前已在新三板市场上市。舜网由于创办时间早、能积极尝试各种新业务、打造一批品牌频道和栏目，取得了不小的业绩。公司自主研发的本地电商“芙蓉街商城”项目，通过“本地媒体 + 本地电商”的新模式实现产品销售及品牌传播。另一个本地化服务做得好的出版机构是《杭州日报》旗下的网站“19 楼”。虽然没有上市，但经济效益可观。

大众数字出版需要颠覆性思维

——从图书读者到多元商品消费用户

TIPS：用户思维，大数据思维，跨界思维，产业融合思维

近年来，数字出版的专业出版获取了不少收入，教育出版靠 MOOC 也风生水起，只有大众出版，目前还没有找到盈利模式，一位老总说，他们这代人找不到盈利模式了，要靠下一代人。

1. 经营用户的思维

确实，在互联网特别是移动互联时代，大众数字阅读和出版要换个活法了。因为现在，大众出版仍然没有找到活法。从前的活法，是直接卖内容，而不是经营用户。

许多出版社很懒很笨，赤裸裸通过第三方卖内容，换个格式换个载体想赚钱，实现出版转型，没有掌控用户。这完全不是互联网思维，是传统出版思维，赚不了什么钱。这是因为，在互联网时代，信息爆炸，自媒体突飞猛进，产生内容和传播内容的成本极低，内容贬值自然是一个趋势。网民不愿意花钱买内容，是因为时间缺乏，注意力也要争取，出版社还指望碎片化、浅阅读的时代人们能有时间花钱剧减内容，显然是不现实的。

因此，从用户角度看，大众阅读内容获取就是免费。连网民的刚需——杀毒软件都免费了。但是，免费也能创造新的商机。

不卖内容了，靠什么盈利？免费，不代表不赚钱，只是不直接从读者身上赚内容销售的钱了。

所以，才有中国广义的数字出版企业靠网游和广告占 95%，出版社因为卖内容的思维阻碍，狭义的数字出版销售收入只占份额 5%。

广告、网游、其他增值服务都可以赚钱，为什么要吊在卖内容这一棵树

上？大众阅读，时代在变，用户数据比图书内容更重要。我们要的是用户，要增值服务QQ是卖软件吗？微信是卖软件吗？如果是出版社肯定是卖内容的思路，QQ个人版定价5元一个，卖200万网友读者，就是1000万码洋！如果这样做，还有今天的腾讯吗？

所以，大众数字出版，我不太赞成直接卖内容。

所以，我们还是早动手免费阅读，给用户免费阅读的体验。

当用户的流量足够大时，广告模式也许是更好的。

2. 大数据思维

靠什么呢？卖大数据！

生活书、社科书、人文书，科普书，经管励志书，人物传记，高度同质化，能换什么钱呢？

用户的行为大数据，可换钱，喜欢什么，就会愿意购买什么样的商品：化妆品、数码产品、服装、母婴……

其消费行为，可用来卖出，让电商平台购买用户行为需求，转为其他高利润的商品或服务！

当然，一家出版社的小数据是不行的，要多家出版社提供图书内容的免费阅读，才能吸引更多的用户。

其次，资本层面与联盟层面。前者有难度，后者并不理想。多家类似的出版社共建平台吸引用户提供服务共享数据，是有可能的。

根据用户数据，可以精准投放商品或服务的广告。这是能直接转化为消费的，因为它与用户的消费行为是高度吻合的。喜欢什么服装，就会想买什么服装。

互联网出版其实不是卖内容，而是卖体验。用户行为也是商品，也可以用来交换。

数字出版需要颠覆，不然，就要被颠覆。其实，平台商们已经看到了，百度、京东、腾讯……

3. 跨界思维

出版社大众数字出版要有跨界思维。

张立宪说，他喜欢在百货商场找灵感，读者会消费什么商品，这些人会消费什么阅读内容？其实，反过来也对。读者消费什么阅读内容，他会消费什么商品？

与第三方合作，将图书读者，转换为多元商品的消费者，满足其需求，获取收益，不能不说是一个好办法。

网络时代，消费者就是读者，用户已经在网上跨界了，电商经营者也跨界了，出版社内容经营也应与时俱进。

资本跨产业跨媒体合作并购还有困难，这是根本。大多数领导不愿意尝试他们不懂的东西，或者是任期时间短等体制机制使然，但不是绝对不可为。

可是，如果不愿意尝试新的东西，颠覆发生在业外，不革自己的命，就要被别人革。

我的想法是，跳出出版做出版，跳出收费阅读做数字内容产业。

4. 产业融合思维

除了跨界，更深一步的，就是产业融合思维。数字出版部的运作，取决于出版社顶层的定位，卖内容是短期行为，做不大。因为还是在阅读这个小圈子里打转转。

现在，产业融合是趋势，产业融合是真正的融合，纸书和新媒体，其实是并存关系，不是融合关系，是油和水的关系。

大众数字阅读产业，要融合其他产业，比如，科普数字阅读与科普玩具，书、电子书、立体书、玩具书与书玩具。

为什么还只限于阅读？这是从没有“大产业”的角度出发。出版社转了制，就应该是市场角度，不是限制在阅读里，阅读只是基础。

下一代要做的，其实是产业融合。豆瓣光靠卖内容是不行的，社交群组用户消费行为大数据，大有可为。用户的阅读行为，多种消费需求，多种商品销售，多种产业融为一体。供应产品或服务的厂家和产业，在此融合。

例如在淘宝，图书包括电子书，就是其他商品大厂家、小卖家的赠品。他们也是从出版社买了书的，只是送给消费者而已。卖大价商品，含图书及电子书的赠送。

总之，拓宽视野，利用用户大数据，实现产业融合，才有前途。不然，出版社狭义的数字出版，根本做不大。

原载：《出版商务周报》2015-3-15

数字出版的主要盈利模式及实现渠道

目前，数字出版风生水起，许多出版社招兵买马，组建专门的数字出版机构。在7月中旬举办的中国第二届数字出版博览会上，一些出版社参与数字出版的积极性明显提高，有的出版社已经做出了一些数字出版的项目，如高教社、外研社、社科文献社、知识产权社、商务印书馆等。

显然，对于出版单位而言，更为关注的，还是数字出版的盈利模式及如何实现的问题。

数字出版的若干盈利模式及简要分析

电子书阅读模式

代表：方正阿帕比、上海科技社、山东科技社等。

以复本书模式销售产品获取收入，电子书e-book可在线对部分内容进行翻阅，付费下载。

内容提供商将内容提供给技术服务商，由技术服务商进行数字化，技术服务商还兼具发行销售商的角色，它将销售收入与内容提供商分成。内容提供商也可以利用自有内容，利用技术服务商的软件技术，自主加工电子书产品，在自己的网站进行销售。

电子书价格低廉，但缺点也明显，由于没有链接、互动，也不能实时更新，只适合于市场有限的B2B平台，如各大中型图书馆。但是，一旦现有纸媒体书转换完毕后，与新的纸书同步出版的电子书的数量太少，就会导致收入锐减……

由于图书搜索可为出版社的图书提供全品种展示的店铺，而且“永不下架”，这必然会增加图书被读者发现的机会进而实现销售，尤其是一些类别较为偏专的小众专业图书。此外，广告收入，谷歌与内容提供商合作分成。一般来说，由于具有海量图书内容，有数以亿计的网民，其盈利模式尚可。

但是，由于谷歌是一家巨无霸型的外资企业，他要对图书实行全文数字化，尽管上网的部分是其中一小部分，但是，全部内容已落在他人手里，他人就有可能会对内容进行组合处理，许多出版社正是担心版权没有保障，因此参加的积极性并不高。

按需出版模式

代表：知识产权出版社

按需出版（POD，publishing on demand）产品的销售

自有专利文献的内容，出版为印数较少的书，按实际需要，以专用的印刷装订设备制作为书，并在按需出版网上销售。

此模式适合于专利文献这一品种数多但单品种印数极低的出版社。

原载：《科技智囊》2007 年第 10 期

网络阅读的现状、走向与未来趋势

我们已经进入了一个网络时代。有了比特和原子的划分，线上和线下的划分。而且，还从有线互联网（固网）发展到无线互联网（移动网）。国际电信联盟（ITU）的报告显示，到今年年底，全球将有68亿移动连接，相当于地球人口总数。总体来看，全球有27亿人上网，包括固网和移动网民。到2013年年底，全球40%的人将连网。

阅读产品也不能游离于网络之外，大约在网友分析出了网商的同时，数字图书馆、网上书店和移动书城也问世了。在ISP（互联网服务提供商）队伍后面新出现了ICP（互联网内容提供商）。电子阅读器，则从个人电脑、专用电子阅读器，扩展到通用数码产品——平板电脑和智能手机。于是，纸媒出版商纷纷从传统的纸媒出版向“数字出版”转型。

这样，阅读也就从报纸、图书、杂志，变为阅读浏览网页，有了“读纸”与“读屏”的划分。

一、网络阅读产品：新特点超过了纸质出版物

网络阅读产品很多，从读新闻报纸的网络化，到了读小说图书的网络化。学术期刊的查找阅读，也变成了电脑上的关键词检索阅读。

到了平板电脑、智能手机时代，电子书报杂志，已经没有了本质区别：都能有海量内容；都能实现文、图、音、像、动漫等多媒体化；还都能实现交互式体感，有作者与读者间的互动，读者与读者间的互动，结为群组圈子；读者也可以参与作品的创作；各类网络阅读作品都能完成查找检索；还都能实时更新，版本升级；而且都是虚拟的产品，没有库存。排队买书、报刊的时代，基本见不到了。而且，和纸书相比，还都很便携，读物是虚拟的产品，是零重量，不论下载多少书报刊，都不增加阅读终端的重量，是绿色的阅读产品。

网络出版物这些优势，都完胜了纸质出版物。

二、网络出版物读者面：差异化

对网络阅读新产品的接受和喜爱，首先是青少年，以及对新锐产品感兴趣的中年时尚潮人。根据年龄的不同，对网络阅读和对纸质阅读的感觉并不完全相同。

根据艾瑞《2012–2013 年中国数字阅读用户行为研究报告》，在 2012 年，中国数字阅读用户中男性略大于女性。从学历上看本科生是主流人群。从年龄上看 30 岁之前随着年龄段的增长，使用网络阅读产品的用户越来越多，18 到 30 岁是主流人群，30 岁以后随着年龄段的增长，使用网络阅读产品的用户越来越少。就是说，网络阅读的主体是 90 后和 80 后。

确实，对于 80 后、90 后、00 后这些年轻人和少年儿童，似乎没有感觉到很大的不习惯，认为是很自然的事情；对于 60 后、70 后，则可以接受网络阅读，但基本上觉得有差异；而对于 40 后、50 后，多数则更喜欢纸质产品，较难于接受网络阅读。另外，市场中却缺乏适用于这个年龄段使用的产品，如基于 E–ink 的智能手机这一产品，同时，缺乏这些中年以上读者需要的内容。

最为明显的是，智能手机价格下降，集通话、短信、游戏、社会交际、视频阅读等多功能于一体，使之受到年轻人特别是其中的低收入者的欢迎。其中的阅读功能，自然也有其特点。移动手机阅读，有“三低”的特点，用户的文化程度低、年龄低、综合素质低，以外来务工经商人员为主，文化程度为中学，年龄二十岁左右，工资收入不高，工作和生活压力大，他们往往以手机娱乐方式为主。其阅读的内容主要是消遣类的文学作品。

国人对于网络阅读品根深蒂固的观点，就是免费，或者是低价，而不管是不是盗版，大众类读物尤甚。例如，电子书《活着》只卖 0.5 元一本，一套《哈利・波特》只卖 1 元，《乔布斯传》也只卖 1 元……在某个知名的电子商务网站上，读者只需付出一瓶矿泉水的价钱，就能买到定价几十元甚至上百元图书的电子扫描版。不用说大量提供盗版读物的小网站，就是某搜索引擎上的文库、某文档分享网站、某门户网站的互动频道提供大量网友上传的版权存在问题的网络阅读产品，就是迎合这一需求。中国网络阅读付费市场的成熟，还有一段很长的路要走。

不过，用电子阅读器阅读的用户，一般收入较高、职业为白领，文化素质较高。他们也愿意付费下载阅读自己喜欢的网络阅读产品。如使用多看App阅读多看书城的阅读产品。

三、阅读内容：高度类型化

阅读介质不同，人群年龄不同，内容主题还是有差异的。从产品来看，轻阅读、浅阅读、碎片化阅读、娱乐化阅读、反映年轻人生活的阅读，是网络阅读的主要特征。新闻、类型文学、校园文学、青春小说等已成为阅读的主流内容。

中国的互联网可以说是娱乐化的互联网，网民高度年轻化，网游用户庞大。网民收入不高，工作压力较大，在网络取得消遣和减轻压力的目的很强，网络的娱乐化，催生了网络阅读产品的娱乐化生存。从网络获取娱乐化阅读产品，也就在意料之中了。

为此，原创网络文学，是各个互联网公司竞争的主阵地，是盛大文学、创世中文网、多酷文学网三国演义，以及逐浪网、17K等网络的战国时代。

当然，网络阅读产品中也有《乔布斯传》《看见》等纸质畅销书的电子版。白领的网络阅读，文化素质相对较高，则会侧重于社科、历史、人物传记等。不同的人群对于不同的阅读产品，和纸书阅读不同，网络阅读已经高度裂变。以娱乐性阅读为主取代了实用性阅读。

在美国，KINDLE的用户基本为深阅读人群，年龄较大，专业人士居多，他们的购书量也较大。网络和逐步完善的阅读工具以及全新的内容创造方式，则给深度阅读流行提供了基础。在中国，网络深度阅读的用户还不够大，而且专业人员不是主角。在中外，深度阅读面临与碎片化阅读不同的问题。供给此类人群的内容少，用户习惯没有形成，不够踊跃。某些网络阅读企业培训和启动市场工作做得也不够。

甚至方正阿帕比、中国知网、中文在线、龙源期刊网等非细分、非类型化的网络阅读产品内容，除了做少数的无线接入服务，基本上是以团体用户B2B为主，个人免费阅读为辅了。

四、阅读终端：多元化

随着技术的不断发展，网络阅读产品的阅读终端也在不断丰富，从个人电脑一枝独秀，裂变成电脑、专业阅读器、PSP、平板和手机等硬件，呈现多元化态势。

对于新闻的阅读，大部分是使用个人电脑和手机，分别在单位和路上阅读。

对于大部分网络文学读者而言，由于网络盗版的盛行，使用个人电脑的仍是大多数。他们一般不会采用专用电子阅读器，付费阅读仍然不是主流，看盗版图书的还是占相当比例，近日有资深电子书爱好者爆料，特别是一款小说聚合 App，专门为人提供免费盗版的小说供用户阅读。

对于对类型文学感兴趣进行阅读的人，他们一般为青年人，其采用的阅读终端，一般为智能手机，少数人也使用个人电脑或平板电脑。

白领和中高收入者，他们文化程度较高，对于读物有深阅读的需求，如长篇的社科人文类图书等。由于有相当程度收入的支持，多会利用 KINLDE 等专用阅读器，同时也会使用智能手机和平板电脑作为补充。

年轻人中的游戏玩家，也会使用 PSP 等游戏设备为阅读终端，在不玩游戏的时间内，用 PSP 看一下自己喜爱的阅读产品，如各种类型文学等。另外，MP4 等，也可以作为阅读终端。

从硬件承载的阅读形式上说，网络阅读产品还裂变出了非观看非文字内容的呈现形式：听书，即音频书，也叫“听书”。这种听书方式，可以将图书呈现的故事、小说、诗歌、戏剧、相声、小品等以听觉的形式传递给受众。它们可以以音频文件的形式在网络上发布，通过各种阅读终端被接受。这样，可以解放双手，边工作边学习，而且有利于保护眼睛。这种网络阅读形式，特别受到中国 1600 万盲人的欢迎。上班族，特别是驾车上班族，更是非常喜爱这种网络阅读产品。例如，“一路听天下”数万种听书，受到车友的好评。某出版社也在着手开发少儿听书，包括科普、文学、教育等类别。

五、阅读环境：今非昔比，大不相同

除了产品的变化，读者阅读环境也有了变化。外出旅游的路上，上班的路上，阅读的机会更多。读纸时，只能一个人顶多与身边的人交流几句，而读屏时代，读者除了作批注外，也能够与天南地北的网友交流分享内容，发表评论和留言。如果作者也在线，还能在线上直接提出意见，甚至在未写完作品时，就能够对作者的结局提出期盼，多个网友和读者的意见，甚至可能改变作品中主人公的命运。

另外，随着社交网络SNS的发展，网络阅读还有族群化的特点，与纸书不同，网络读者会形成不同的群组，如豆瓣那样的种种小组。对文学、励志、生活、女性、青春、童书的喜好不同，热爱阅读的网友会形成不同的圈子、小组、微信群，大家一起讨论分享出版物。Flipboard、多看和Zaker等应用均支持这一功能。

与纸质出版物读者相似，一些热心粉丝，还会向心目中的“大神”作者送礼物，送金钱，价值十分可观。

更进一步，网络为作者创作、评论、宣传和销售提供了有力的平台支撑，作者与读者的界限越来越模糊。一些读者，也加入了网络阅读产品的创作之中，如互动百科、维基百科、果壳等科普阅读产品等。

六、网络阅读VS纸书阅读：优劣面面观

纸书是反射光而不是漫反射，而各种电子屏，除了E-ink（电子墨）技术的专用电子阅读器外，都是液晶屏，有发射光，不断闪动，让人眼睛容易疲劳，损害视力，易患青光眼。曾有关灯后大量读手机导致青光眼的报道。在短时间内，也会让人疲劳。

人类数千年形成的阅读习惯，是不容易改变的，翻页的感觉是触屏不能代替的。拿在手中的感觉，睡前在床上或中午坐在沙发阅读，可以让图书掉在地上的情景，是数码产品电子阅读器不能比拟的。家中摆着几百本书给客人的感觉，与放一部电子阅读器（何况是个人电脑、平板电脑和智能手机）相比，给人的文化氛围和书卷气，是不能比拟的。家中汗牛充栋的图书，体现主人学富五车，而电子阅读装置，却只能有现代时尚感，不会有文化书卷气。另外，电子阅读终端还会掩盖阅读者的素质。书架上一本本、一排排的纸书的社科专著，从某种程度能显示读者的品位和学术水平，而电子阅读终端，则什么也显示不出来。

例如，某期刊主编家里，他的书房的藏书已达5000多册，其中80%都是关于科幻方面的纸质出版物。

从对身体的影响方面看，网络屏幕阅读对人尤其是对儿童有害，特别是会损害眼睛；由于经常低头阅读，对颈椎的损害更大。儿童电子书领域会向偏软件应用发展，如各种App，有音频视频像富媒体，有体感交互式服务，更易让孩子产生兴趣，相对以文字为主的电子书，对于儿童而言，由于一个人就可以触屏阅读，加上图文音像互动并茂，孩子会爱不释手，由于上瘾渐渐不愿意与人对话交流，甚至不愿意与人接触，久而久之，会影响孩子的语言发育，和社会交往能力。这是应引起我们高度注意的。

七、阅读产品走向变迁：互相转化与共存共生

网络阅读和纸质阅读，核心仍然是内容，存储介质只是手段。而且，二者是可以互相转换的。

例如，《明朝那些事儿》《鬼吹灯》《盗墓笔记》《后宫·甄嬛传》等许多广受欢迎的网络阅读产品，已经转化为纸质图书的形式被出版、发行。数量众多的网络阅读产品，还可以按需出版和印刷，推出定制化的纸质读物，满足不同读者的个性化阅读需求。

纸质图书，也可在网络上部分连载供人免费阅读或全文付费下载阅读。同样，纸质读物上的网址或二维码，可以引导人们阅读网络读物。一些纸质读物还可以被改编成网游，提供给更多的网友。个性化网络阅读，与网络游戏合二为一。读者可以扮演书中的角色，实现纸质出版物内容的多个结局，反映读者自己的爱好与梦想。

更进一步地，纸质读物和网络读物，可以同时全媒体出版。如《贫民窟里的百万富翁》和贾平凹的《古炉》《带灯》等。这样，不同的读者，可以各取所需。

随着技术的发展，网络阅读将会裂变出更多的表现形式、生产形式、阅读形式和交流形式，但无论如何，内容仍然是关键。

我们相信，网络读物和纸质读物，在相当长的一段时间内，是共存共生的，只是网络阅读的数量将会更多，成为主流形态而已。

原载：《出版广角》2013年10月合刊总第212期

传统出版机构如何做好在线教育？

2014 年被称为“数字在线教育元年”，我国在线教育发展迅猛，一方面是由于政府对出版社转型升级的推动，另一方面也为出版社带来了新的发展机遇。如今，不管是互联网企业、出版社，还是民营出版公司，纷纷布局在线教育，掀起了在线教育的发展热潮。

从市场来看，相比专业出版和大众出版，内容资源、用户都十分分散，特别是大众出版，为非刚性需求，而在线教育的服务用户对象明确，需求刚性，用户集中，出版社有现有的纸书用户，有明确的盈利模式，其市场发展潜力更为业内所看好。但是，光被看好，不一定就能做好在线教育。就像当年许多出版机构看好数字出版，数字出版却没有做成功一样。

接下来的问题是，传统出版机构如何才能做好在线教育？

传统出版机构如果不解放思想，还是用传统出版的思路，肯定做不好在线教育。就像当年做电子书，只是将原有纸质图书内容原版原式转个格式、换个载体终端就想收费赚钱一样，只能是失败。现在一窝蜂地上，以后会一窝蜂地下，甚至会死得很惨。

个人认为，传统出版机构要想做好在线教育，一定要明确思路，解决如下问题。

1. 一定要有受众喜爱的产品

要充分了解用户需求，充分利用技术优势，强调用户体验。不论是出版机构原有内容转个格式换个载体终端，还是把传统教育思路搬到电子产品上，都不会成功的。这种产品即便一时卖出去了，最终也会被更好的产品和服务方式挤出来。

2. 要有良好的市场战略，不急于求成

和做纸书不同，在线教育需要一个培育期，需要长时间的运营积累，中短期投资比较大，回报没有那么快。仅靠几本教材、教辅和习题库就想把在线教育做好，想法太简单了。毕竟，在线教育是一个全新的方式。

3. 和当地有关政府部门深入沟通，达成共识

中国教育特别是基础教育，相对比较封闭，习惯纸书。与平台级的电子商务等互联网产品和服务不同，外界创新的产品很难打进来，在全国一些地方，MOOC 一进学校，马上被政府、校长、老师冷落。所以，出版机构事先一定要和各地的教育主管机构反复、充分沟通，以达成共识。现在，政府大力推行教育资源的信息化、网络化、均衡化并开展“三通两平台”建设，出版机构要抓住这个机会。

4. 有“大教育”的概念

不要只盯着基础教育，全日制大中小学，要考虑社会教育、继续教育。受多年来出版发行纸书教辅的影响，一些出版机构思路太狭窄，只紧盯着基础教育的大中小学校的学生是不行的。在中国，教育是个很大的市场，继续教育、职业教育、社会教育，都是教育，出版机构要有“大教育”的概念，不能紧盯着基础教育和全日制大中小学校学生这个市场。不然，一定会由于渠道和市场的高度同质化，自相残杀，损失惨重。

5. 做细做透，不要四面开花

一家不大的或只是地方性的出版机构，不能四面出击，不可能同时进行大中小学全科在线教育，因为资源、精力、人员、资金、渠道等掌控力都有限。其实，针对更垂直细分领域的项目更有机会成功，现阶段的高职高专教育和英语教育更适合做在线教育。

6. 强调线上线下结合，不能一味地进行在线教育

在线教育有其优势，但并不能取代线下教育。只有结合线上线下的 O2O 教学模式，教师实时授课答疑改作业，才更加适合年龄低、自控能力不强、师生互动性比较强的中小学生。纯粹的在线教育并不适合中小学生。而成人自考、考研、职业资格考试教育等则比较适合做较为纯粹的在线教育。

挤掉 2000 亿的水分

近日落幕的第五届中国数字出版产业博览会发布报告称，2012 年国内数字出版产业整体收入规模为 1935.49 亿元，即将迈入 2000 亿元大关。然而，在貌似“喜人”的数据背后，不少数字出版业内人士却一脸迷茫，因为 2000 亿的数字让人越来越看不懂。

在数字出版领域，电子书、互联网期刊和数字报纸一直以来被认为是最能反映出版数字化转型成果的“主营业务”。在近 2000 亿元的数字出版产值中，电子书、互联网期刊和数字报纸这“老三样”尽管整体增速很快，但所占产值比例甚小，仅为 2.98%。而且“数字出版产值”其中的互联网广告、网游、手机出版三项分别为 753 亿元、570 亿元和 487 亿元，总和累计达到 1810 亿元，约占总收入的 94%，网络音乐、动漫、博客等构成了其余的 3%。

笔者认为，正是由于最初对数字出版产值进行统计时，就没有对数字出版的概念进行清晰的界定，也一直没有明确具体管理部门与办法，才导致对数字出版企业、类别和产值描述的混沌状态。从原国家新闻出版总署长期执行的具体管理规定看，图书、报纸、期刊、音像、电子出版和互联网出版六项一直是总署主要管理的业态范围。从合并后的国家广播电视总局日前公布的“三定方案”来看，虽然设置了数字出版司，但所公布的数字出版司的管理职责的内容也只涉及对网络书刊、网络文学、手机书刊、手机文学等形态的监管，并没有涉及互联网广告和网络游戏。其实，互联网的管理一直归口工信部，而网络游戏的运营管理，则归口文化和旅游部，只有前置审批权在总局。数字出版产值的统计数据却把很多网站的互联网广告和网络游戏运营的收入纳入其中，难免会出现一些不真实的数字，给人以“凑数”之嫌，也使业内外对数字出版的认识有所混乱。此外，自党的十七届六中全会做出“文化大发展大繁荣”的重大历史决策以来，社会各界对于文化产业、传媒产业、新闻出版产业和数字出版产业的统计数据关注度越来越高，不同统计口径的“产值”大有比拼、赛跑之势，这种浮夸万万要不得。

应该说，泛化数字出版概念，放大数字出版产值，都在一定程度上提升了我国数字出版产业的全民关注度和行业影响力，对产业的发展有着积极意义。但不可否认的是，在当前“局署合并”“媒介融合”“文化汇流”的时代大背景下，我们有必要抱着更加严肃、科学的态度，对数字出版的概念进行重新界定，对相关领域的归属做出明确的划分，挤掉产值中的水分，让上帝的归上帝，恺撒的归恺撒，还原数字出版工作的真实含义，让统计数据能够真正有效地指导数字出版产业的健康发展。

（本文作者为数字出版从业者）

数字出版标准应该是免费的、开放的

前不久，有关部门出台了《数字阅读终端内容呈现格式》，这是新闻出版的行业标准，以 CEBX 技术为基础研发制定，帮助行业用统一的格式出版数字阅读内容，为出版单位和读者省去很多麻烦。编制这个行业标准的原因是数字阅读终端内容呈现的格式纷乱问题严重，如今被用于手机、PAD 等数字阅读终端内容的格式，比如 PDF、EPUB、TXT、HTML、JPG、PNG、GIF、ZIP、RAR、UMD、WORD、EXCEL 等，无一具备在电脑、PAD 等大屏幕上保证美观排版的同时，又可以在手机、PSP 等小屏幕上不影响阅读地自由变换文字大小等功能。为满足不同大小屏幕的阅读需求，出版单位需要生成多种格式的数字书籍或报纸，读者也需要在使用不同屏幕阅读时安装不同的阅读软件，甚至需要转换文件类型。因此，张金认为，统一格式标准，是必要的。但是格式标准的来源，应以市场竞争后的优势格式为主，不宜太早制定标准，而且格式标准应该是开放的，不是封闭的，出版社不能受制于技术标准的制定商。

个人认为，开放的 PC 机标准让英特尔、IBM、微软挣了钱，开放的 ANDROID 让谷歌挣到了钱，而封闭的王安电脑最后倒闭。众所周知，一流企业做标准，二流企业做产品。技术商都愿意用他一家的产品，以控制市场。统一标准有利于读者，有利于制定标准的厂商，但不一定完全有利于出版商，因为虽然在格式统一后可以做大市场，但却失去了选择权，有被垄断的危险。

当然，我们知道，目前出台的《数字阅读终端内容呈现格式》是行业标准，不是国家标准，所以出版机构有选择是否应用的权利。其实，个人觉得 EPUB 标准不错，如果是 INDESIGN 排版，配合数字出版，很方便。以 CEBX 技术为基础研发制定的这个标准是否能够得到出版单位的青睐，关键要看制定这一标准的企业愿不愿意将 CEBX 开放共享。当年 IBM 公司将 PC 的标准公开共享后有了 PC 机的发展，价格下降很快，促进了个人电脑的普及。苹果电脑的 IOS 封闭、不开放，导致苹果电脑的价格一直较高，虽然企业挣了大钱，但消费者却一直为昂贵的价格买单。统一成 CEBX 格式没问题，但最好是免费的、开放的，大家都可以在 CEBX 的基础上做。

首先，笔者自己是赞同格式统一的，只是不愿意过早就确定某种格式，因为由市场竞争出来的，才是合理的；其次，必须是开放的标准，不能是封闭的。封闭是个黑箱，只能依赖技术商一方，这样，出版商就会失去议价权，其实这是很多业内人士的担心。

所以，科普出版社的数字出版工作，都是基于 IT 业和出版业已有的标准。近年来，科普社在数字出版方面进行了一些探索，并且取得了一些成绩。例如通过与第三方公司（阿帕比、苹果）合作进行了 B2B、B2C 模式的电子书产品销售，在 2010 年就成立了信息中心，引进了 IT 技术人员和数字出版及网站运营管理人员，未来将成立数字媒体中心。目前，科普社已对全社图书内容资源进行了整合。在具备这些“天然内容资源”优势的前提下，科普社也很重视数字出版发布平台和数据库的开发建设，陆续开发建设了“果脯网”“爱友久久网”以及学科发展报告数据库，未来将建设学术沙龙数据库、三峡科技出版计划数据库、老科学家学术成长材料采集工程数据库、科协期刊数据库、天文学术专题数据库等。

如果是封闭的标准，这些数据库很可能会受制于人。

数字出版：技术加工商技术落后于内容提供商

纸书时代，印刷厂技术生产成熟度要远高于出版社，但现在，数字出版物的技术产品开发加工商要落后于内容提供商。

出版社对于数字出版技术的应用面临困难，例如市场不够成熟，人们习惯免费。原版原式电子书附加值低。苹果产品中 App 用户体验差，手机阅读中许多图书内容不适合手机用户人群。阅读器标准格式不一，DRM 过多使读者阅读不便。

出版社以纸书为盈利支撑，缺乏资金支持，探索数字出版的迫切性不够。其实，技术是次要的，关键还是缺乏数字出版发展战略，缺乏一支高效的数字出版人才队伍。另外，出版社往往缺乏数字出版运营平台，电商平台不能满足这一需求。

目前，数字出版的探索也有了六七年之久，从基于 PC 的电子书，到专用的电子阅读器，到手机书，到平板电脑的 App 应用，从原版原式书到多媒体电子书，从文本到数据库，技术和载体运用越来越多，但往往是技术推动，而非市场拉动，出版业对读者需求调研工作做得很不够，经常是技术商在试水。

由于技术商不太懂规律，结果不太理想。加上数字出版上中下游地位不平等，靠强势手段获利，阻挡了对技术运用和产品开发的积极性。简单的图书电子文件的格式转换和图书内容的介质搬家，根本不能满足读者的需求，读者不买账，不能产生销售收入，自然不能满足出版社的需求。

这需要出版社主动探索，更要与技术商合作，对图书内容重新进行加工改造，绝非纸书简单搬家的低水平应用。未来可能是多种技术的联合应用，探索的数字化产品也是多元的。例如，教育类出版物的多媒体电子书包、课件和考试系统，大众类图书的多媒体、有社会化分享阅读的互动电子书，专业出版物等能满足个性化、大规模定制的POD产品和数据库等。

原载:《新华书目报》2013年

2011 年数字出版热点聚集

2011 年过去了，数字出版热点不断，数字出版总产值不断提高。从业者由 IT 技术商、硬件制造商、内容平台商等向外扩展，更多的机构进行了主动尝试，多种数字出版形态和盈利模式不断被探索，数字出版的骨头上已经“长了肉”，版权保护仍然是业内关注的重点：传统报刊图书出版单位这些原来的内容提供商开始走向数字出版的前台，从提供内容逐渐转向内容的多元化。

数字出版 2010 年总产出超千亿

中南大学中国文化产业品牌研究中心近日发布的《2011 中国文化品牌报告》显示：上一年内地数字出版总产出突破 1000 亿元，其中，手机出版（包括手机音乐、手机游戏、手机动漫、手机阅读）达到 414 亿元，网络游戏收入达到 336.2 亿元，网络广告达到 276.7 亿元，位列前三甲。

数字出版“平台热”

中南出版传媒集团股份有限公司与华为技术有限公司重组中南传媒旗下的新媒体公司天闻数媒科技（北京）有限公司，打造面向全球的数字出版与营销平台。随后，中国出版集团大佳网正式上线，欲建构出版产业之间的数据交换平台，提供出版、跨媒体经营一整套服务。时代出版集团的全媒体数字出版运营平台“时代 e 博”也正式上线运营。

移动阅读井喷，三大通讯运营商全部涉足手机阅读产业

无线互联网的发展，促进了移动阅读的盛行。随着 iPhone 和 Android 智能手机的迅速普及，带动了移动电子书付费阅读的井喷。手机阅读受到中高

低收入群体、青年白领及城市农民工各阶层人们的欢迎。在中国移动、中国电信之后，中国联通也于4月14日宣布试推手机网读业务，推出“沃阅读”。至此，三大移动运营商全部进入移动阅读产业。

多家公司试水电子书包

由于免费的概念根深蒂固和盗版等问题，电子书销售发展陷入停滞，而以电子书包为代表的教育数字出版，B2B模式的数字出版，成为汉王科技、中文在线等数字出版企业着力争夺的一个产业热点和突破口。

番薯网与百度深度合作

百度已收购数字出版网站番薯网40%股份，直接进入数字出版领域。番薯网虽拥有版权却因资金和用户平台等问题缺乏盈利能力。百度则可以通过收购获得更为优质的版权资源，加强电子图书业务的变现能力。在股权合作后，番薯网拥有电子书版权的安妮宝贝的《春宴》早于纸书一周左右在百度首发。

第四届中国数字出版博览会举行，传统出版社探索的步伐加大

在第四届数字出版博览会上，除了IT技术商和平台运营商，更多的传统出版社也出现在展位上，他们不断尝试与探索，只是还没有做到像技术商和平台商那样大规模而已。与上届数字出版博览会相比，今年的数字出版博览会上出现了更多的传统出版社的展位，如社科文献社、北京语言大学社、外研社、人卫社、中国出版集团等。传统出版单位数字化转型工作，在搭建数字平台、构建专业数据库、教育资源数字化及多媒体化等方向已有了不小的动作。

“云出版”浮在行业上空

云计算已成为图书出版业讨论的热点。盛大文学在国内最大的原创文学平台基础上又推出了“云中书城”，并且向第三方开放，方正电子推出了基于云出版服务的平台，天津国家数字出版基地也启动了云计算中心。这些云平

台将成为在线或移动的数字出版服务平台，能使分散的、碎片化的内容资源整合成整块的“云”，将是数字出版平台未来的发展方向。

中国数字版权维权联盟成立

数字出版的核心问题，是版权问题。为此，中国版权协会、中国文字著作权协会、中国音像著作权集体管理协会、中国摄影著作权协会、中国互联网协会、抵制盗版联合体、北京国际版权交易中心及国内知名律师团队共同发起了“中国数字版权维权联盟”。4 月 26 日联盟在北京正式成立。联盟将以文化创意及版权产业的持续、健康发展为目标，并以数字多媒体产业技术创新，内容创新为动力，努力为权利人提供确权、维权服务。同时将在规范数字版权市场化发展、保障权利人合法权益、提升公众版权保护意识等方面开展一系列活动。

平板电脑受追捧

取代电子书阅读器的，是苹果的 iPad 平板电脑，以及三星、联想等基于 Android 的平板电脑。在这里读电子书，多媒体效果更好。而且，苹果的 App 商店中有数量众多的应用，这些基于 iOS 的客户端含有丰富的阅读内容，能囊括图书、报纸、杂志、博客等。基于 Android 的 App 商店设有若干应用客户端，能满足用户的阅读需求。Zaker 则有苹果 iOS 和 Android 两种客户端。

内容多元化运营受关注

2011 年全国新闻出版业网站年会召开，会议讨论的一个焦点话题是：对于拥有出版内容的出版单位来说，已经不满足于纸媒内容的互联网格式呈现，而是对内容资源的多元化经营。业内热议内容资源包括手机报或电子杂志，通过电脑、智能手机、平板电脑、电子阅读器、户外 LED 屏、IPTV 等载体，基于 PC 有线互联网和智能移动终端的无线互联网，无论是苹果 IOS（iPhone. iPad）或 Android 平台的客户端，以文字、图像、音频、视频等方式，通过在线阅读、付费下载、App 商店订阅的方式，改变了以往电子书的单一模式，开拓了数字出版的范围和形式。

我看 2014 年数字出版

又到年底，2014 年的数字出版给我的感觉是，自上而下逐渐趋于理智、务实、自主、个性化。具体表现在以下几个方面。

一、政府推动力度加大，越来越具体

2014 年，从政府层面，推动指导传统出版社的数字出版越来越具体。

国家广播电视总局数字出版司产业推进处多次组织召开或出席相关会议，交流经验教训，给出了详细的路线图。具体包括以下几个方面：制定战略规划；梳理企业在出版社市场表现现状；建立专门团队；整合优质特色内容资源；夯实技术设备基础；开发产品和服务；搭建发布分销平台；探索商业模式和盈利模式；提供专业知识和信息服务；实现转型升级。冯宏升和王强还和大家探讨了很多具体问题，包括：数字出版发展的症结在哪里；关于数字出版，哪些是错的，哪些是对的等。

二、中央财政资金专项用于数字出版

财政部中央文化资产监督管理办公室（文资办）与国家广播电视总局联合发布文件，支持出版社进行数字出版，包括软硬件产品购买、内容数字化加工和投送系统建设。

100 多家出版企业通过项目申报和答辩，获得了数百万元的资金支持。国家财政实现了投入落地。

三、数字出版变得冷静理智

2014 年，出版企业的数字出版从喧闹变得平静，从大大小小的新闻发布会，变为产品和服务的低调研发和小范围内部交流。出版企业从感性变得理智，从“不提数字出版你都不好意思和人打招呼”，变为低调做事；从攻城略地，号称平台一年要上多少万种电子书，变为固守自己的内容资源；从创业互联网企业忽悠风投，变为数字出版企业专心分析受众立足市场做事。

四、传统出版社逐渐走出边缘走向中心

一直以来，数字出版的主导者都是技术商、平台商或者运营商，出版企业一直居于边缘地位。2014 年，情况发生了变化，从技术商、平台商、运营商主动找出版社洽谈项目，变为出版社利用内容资源自己进行产品研发。传统出版企业正在主动进行探索，不再只是提供内容给数字出版商，由别人进行数字出版。传统出版企业正在从边缘走向中心，主动策划产品或服务，搭建平台，掌控用户，进入产业链中下游。

目前的情况是，技术商、运营商、平台商、传统出版商，大家都是主角，或者都不是主角，数字出版正逐渐进入无主角时代。

出版企业冷静、理智、务实，他们寻找适合自己的数字出版商业模式和运营模式。而且，是根据自己的内容优势和资源优势，个性化地进行着。

五、数字出版从单一模式到多元化

各传统出版企业的内容、渠道、用户特点，均有不同。如科学普及出版社，主要是科普图书，公益性强，立足于中国科协渠道；人民军医出版社，医学内容资源丰富，主要立足于总后渠道等。对于传统出版社来说，只是向电商平台、移动运营商提供已有纸书原版原式图书内容，低价销售电子书获取分成，回来再与作者分成，这样单一的“数字出版”模式，事实证明是不成功的。

2014 年，传统出版企业的数字出版模式走向多元。如人民交通出版社、中国建筑工业出版社等，从多个产品、多个渠道、多种用户出发，做不同的数字出版产品销售与服务。

六、传统出版企业对数字出版的个性化探索

传统出版企业没有特定资源，没有专属可控的渠道，要走大众销售，很困难。传统出版企业要以自己为主，在精品化、专业化、公司化、走长线上多下功夫，不能机械照搬别人的做法和经验，而是进行个性化探索。在此方面，中信出版社、磨铁图书公司等，取得了很好的成绩。

传统出版企业拥有特定资源，多年形成的品牌，尚可进行数字出版探索，如医学、法律、金融、专利文献等。这些出版企业可以将内容深度加工，结构化、碎片化，形成专题数据库，销售给专业机构和专业人员，形成收入。在此方面，人民军医、法律、知识产权、中国社科文献等出版社在数字出版方面取得了很好的成绩。

数字出版取得成绩的好坏，与纸质图书市场占有率、渠道和用户的掌控能力有关。地方教育出版社的数字出版，也与地方政府对数字出版的支持力度有很大的关系。教育出版社如结合“三通两平台”，以电子教室、电子书包等方式，提供数字化的教学资源内容也有不少有益探索。在此方面，外研社、华东师范大学出版社、凤凰出版传媒、云南教育出版社等取得了很好的成绩。

七、探索数字出版业务运行机制

2014 年，由于数字出版中心这一内设机构和机制不能满足数字出版业务发展的需要，各传统出版社纷纷注册成立专门的数字出版业务公司，或将音像电子出版业务转化为公司，加入数字出版业务。

这些公司的业务内容，细化到互联网和移动互联网，根据用户需求，重新包装已有产品，打造全新的产品，做细做透。

这些公司与渠道商合作的同时，尝试建立自己的渠道并逐渐掌控用户，积极介入渠道的营销推广之中，提高在渠道的话语权，而不是急于求成。如人民卫生、中信等出版社。

八、全产业链运营

传统出版企业的数字出版，进入了理性化、个性化、主动化的探索阶段。出版企业领导开始真正重视、分析自己企业的内容资源、渠道优势，建立全

新的组织架构与团队，建立激励制度，形成良好运营机制，打好基础，发展用户。根据用户需求，提供产品和服务，而不是提供现有电子书，供平台商、运营商销售。他们从内容策划、产品研发、营销推广、销售各环节，都控制在出版企业自己手里，或部分控制在自己手里。例如，作家出版社、知识产权出版社、科学普及出版社等。

以科学普及出版社为例，该社的产品分为三类：第一，科普——大众出版—— 多媒体电子书，公众阅读，政府买单，科协渠道；第二，科技——专业出版，专业学术数据库，专业人员阅读，科研项目课题买单，公共和高校图书馆渠道。第三，教材教辅——教育出版，全课教辅图书出版资质，中小学教育渠道，提供数字化的教学资源内容。这是科普社和其副版社中国科学技术出版社的数字出版探索之路。该社目前没有成立独立的数字出版部，由总编辑亲自抓，协调编辑、技术和销售部门，在目前的出版社中，也是比较独特的。他们根据自己特点，如中国科协下属的科学普及类出版社，国家对科普有一定的财政投入，科学普及有其公益性质，出版社据此发现内容和渠道的优势，走科技系统和科技馆渠道，解决其在大众渠道销售，版权保护缺失、个人买单动力不足的问题。

九、出版企业的数字出版更加理性

出版企业的冷静表现在，没有找到盈利模式的，不再向平台商提供电子文件。也有许多出版社，观察多于行动。究其原因，他们认为，没有发现商业模式和运营模式，不能盲动。这也是理智行为，只要不是有些消极，也可以理解。

十、民营教育出版商的数字出版探索步伐加大

进入 2014 年，一些大型民营教辅商或推出不少新的数字出版产品，或是已有业务取得明显进展，发展快速，进步飞跃。如山东世纪金榜科教文化股份有限公司的手机电视自问世以来，已销售近 30 万台。北京曲一线图书策划有限公司 5・3、3・2 书系的网络、Web、手机应用可快速实现错题整理、变式题推送，从而有效结合图书与网络。安徽经纶文化传媒集团数字产品与纸书互动，社区互动，锁定用户、定向推送。江苏春雨教育集团在今年 3 月正

式上线“教考通”智能化教育资源平台，相关的“组卷通”“在线评测”系列产品将在今年下半年上市。江苏可一文化产业集团股份有限公司的人人通、电子书包等项目都取得了不小的突破。江西金太阳教育研究有限公司在今年3月成立了北京望远教育科技股份有限公司，专事数字教育产品的开发和运营，推出了“好教育”云平台。山东金榜苑文化传媒有限公司出现大力推动“全媒体数字教育网”“中学生淘课网”向中学生自主学习网站“超市”迈进的态势。

总之，出版社的数字出版工作，进入了理性化、个性化和主动化的探索阶段。进入了数字出版产业链的上、中、下游，而不满足于只是处于产业链的上游，提供内容，不能掌握策划产品或服务，不能掌握渠道和用户。尽管这一过程仍在进行之中，还没最终完成。

出版社如何运营好电子书?

近来，文轩九月网、当当网、京东商城等电子商务平台都在打造电子书的销售平台，以与出版社分成的方式，获取电子书资源进行销售。在此情况下，出版社想法各异，有的相对积极，愿意尝试，提供相当数量的电子书。有的相对消极，拿一些旧的电子书投石问路。有的观望，担心影响纸书的销售，暂不提供电子书。

笔者认为，对于电子书，过于乐观或过于消极，都是不可取的。作为专业出版企业的出版社，与电子书销售平台商家的分工是不同的。电子商务是其强项，未必在电子书出版领域也是强项。电商平台能获取电子书销售收入，未必代表它能创造出版利润。出版社应在研究好市场的基础上，策划出符合刚性需求的产品。以我为主，积极主动，广泛参与，加入到电子书运营的过程中去，而不是盲目乐观以获取纸书的附加值为喜，或消极观望等待，丧失尝试的机会。如果要试，也要用有用户需求的电子书去试，如果用纸书都不愿有人看的书的电子版去销售，影响纸书销售的风险是规避了，但电子书市场如何，出版者也不能得到正确的结论了，他们会因电子书销售不好，失去对电子书销售的信心的。

因此，做纸书出版机构，应高度重视电子书出版和销售，策划出优秀电子书产品，积极进行宣传推广，甚至掌控用户，为其提供便捷的产品和增值服务。学会通过尝试，从中发现电子书与纸书的相同与不同之处，特别是注意不同之处。为电子书出版销售经营工作打好基础。

一、深加工产品

如果只是将现有纸书的电子版提供给电商平台，被动地等待收入分成，效果是不佳的，这是因为内容未必是读者需要的。简单的电子书格式转换，没有附加内容，定价上不去，如果再考虑与电商和作者的分成，出版社的收入会微乎其微。传统出版人始终强调“内容为王”，但在强大的电商平台之下，原版原式的电子书，往往会被贱卖。所以，出版社要根据市场需求，选择图书的内容，借助技术手段，打造电子书的产品。

具体说来，出版社可适当提供纸书版本没有的文字内容，将纸书的黑白图改为彩图（纸书印刷彩图成本高，而电子书黑白彩色没有区别），插入相关的音频、视频、动画、游戏等，相关知识链接，添加互动模式等，提高电子书的含量，并相应提高定价，为网络读者和出版社提高附加值。同时，由于电子书与纸书内容不同，还可以避免多数人担心的冲击纸书销售。

二、做好运营

为了做好电子书的销售，出版社绝不能将电子书提供给电商平台就万事大吉了，一定要积极参与运营，不然，不但销售量会受到影响，而且在整个数字出版的过程中，会被边缘化，甚至失去议价能力。

为此，出版社除了依靠电商的销售平台外，还可以自行发布和传播，进行营销推广。

例如，在本社的网站上进行电子书的发布，将购买链接指向电商平台相应的电子书。电商平台上，由于电子书太多，未必能被其看上，出版社要积极主动宣传推广自己的电子书。而且，出版社最了解该电子书产品，推广效果更好。

出版社可以利用论坛 BBS、QQ 群、微博等进行宣传推广，还可以通过群发电子邮件进行宣传推广。

出版社还可以在纸书出版时，在相应位置提供电子书销售资讯。可以以文字的形式，还可以以二维码的形式。读者可以通过手机下载相应的软件，读取二维码中的信息，直接上网寻找和购买。

三、深入开拓和运营市场

电子书销售没有店面和营业员的投入，没有物流配送压力和库存残书退货之说，看样、下单、付款购买等都是通过网上进行，而且关键是，销售者还容易积累客户资源。优秀的产品和服务能吸引网友读者，给出版社积累了一定的用户资源。如果利用好这些资源，使其不断来到发布这些电子书的网站，就能增加网站的流量，进而就可以通过网站实现包括电子书策划、发布、推广、销售在内的独立的数字出版全过程。显然，这比获取一些电子书销售收入更加有意义。

出版社更应重视双边市场，可以考虑通过广告获取收益。对于一些大众畅销书，在条件具备（如有广告经营许可）时，出版社还可以考虑植入相关的广告，为出版社提供附加收入，有广告支撑的低定价还可减少读者购书支出，提高销量。

原载：(《出版商务周报》2012 年 3 月 7 日）

数字出版如何提升能力打造精品

一、出版社数字出版人员类型

近年来，数字出版已引起传统出版社的高度重视，不少出版社纷纷成立了数字出版中心、新媒体部或类似的机构，积极探索数字出版。但是，数字出版专业人才特别是数字编辑人才目前仍然奇缺。不少出版社的数字出版人员是从原来信息中心或总编室的技术维护人员转化而来的，也有的加上对电脑感兴趣的编辑人员，他们组成数字出版部门。个别出版社的数字出版人员来自 IT 企业或互联网企业。他们在承担社内电脑网络维护的同时，维护出版社的网站，与技术商或平台商合作，进行数字出版工作。有的出版社则成立了数字出版新媒体公司，包括音像、电子、互联网出版等数字出版相关业务。

数字出版的人才类型，从来源上看，主要有以下几类：一是产品策划研发人员；二是产品编辑人员；三是平台运营维护人员；四是市场营销人员，五是渠道开拓销售人员；六是对外合作人员，七是数字出版管理人员。依出版社数字出版发展阶段的不同，人员的设置也不同。总的来说，数字出版人员依功能划分情况具体分析如下。

1. 产品研发和制作人员

产品研发和制作人员是产品经理，根据出版社的图书内容资源、用户需求和各种技术，设计不同的数字阅读产品。包括研发工程师、UI 工程师和测试工程师等。许多出版社，这项工作是部分外包或全部外包的。

2. 数字编辑人员

数字编辑人员包括网络维护编辑、数字内容编辑、数字美工、校对等。按产品经理的要求，处理内容，包括图片和文字内容。这些人员，一般是出版社自己的人员。

3. 平台运营维护人员

他们要对数字出版物的平台进行产品发布、运维等，包括内容更新、客户服务等。这些人员，一般也是出版社自己的人员。

4. 市场营销推广人员

他们要对数字出版物产品和服务进行营销推广、品牌建设等。

5. 产品销售人员

他们要将数字出版物进行渠道开拓，产品和服务的销售，实现收入甚至利润。

6. 对外合作人员

他们要与其他技术商、内容商、作者、平台商、运营商合作的外联人员，进行内容购买或内容转让方面的版权合作，购买或分销等。

7. 数字出版管理人员

他们要对出版社的数字出版工作进行管理，制订数字出版工作调研、发展战略、工作计划，组织产品的研发、营销和销售，进行人员工作安排，数据统计和质量评估，绩效考核等。

不过，不少出版社觉得这些人员工作起来力不从心，不少出版社仍然感觉数字出版人才的缺乏，特别是编辑不能真正推动数字出版工作，也不知道如何成为合格的数字出版人才。因此，大力培养应用型数字出版人才是传统出版社产业升级换代的必然选择。

二、目前数字出版人才中存在的问题

我国在传统出版领域的人才培养较为成熟，人才培养方面已经涵盖了编、印、发各个业务环节，但在数字出版应用型人才培养上还存在问题，功能定位模糊，系统理论知识欠缺，实践能力不足等。如果从 IT 企业招聘技术人员，也存在问题：一是门槛高进不来或留不住，二是来了因为不太懂得出版业务，出版社认为未必能满足出版社的需求。既懂技术和产品，又懂出版业务，还懂得新媒体运营的复合型人才明显不足，数字出版人员的素质和能力等更是没有保障。这些以技术为主的数字人员直接做内容，想成为精品数字出版物，是困难的，实际上，连合格的数字出版物都存在一定的困难。

因此，我国数字出版人才中的缺口较大，不但在数量上，而且是在质量上存在问题。具体分析如下。

1. 数字出版人才的培养缺乏产业化视野

现在的从业人员知识面往往单一，视野不开阔，只会将已存的排版文件转格式卖电子书、做数据库、做 App，难以适应数字出版的需要。这与中国数字出版产业落后有一定的关系。

2. 学校培养出的人才不符合数字出版需求

由于培养的出版人才的相对滞后性，教师往往脱离数字出版产业一线，课程大纲不确定、不完善，书本讲义变动大，知识过时快，导致出版从业者被培养时，对数字出版的最新进展不清楚，缺乏对数字出版的全面深入认识，往往需要了解一点传统出版知识，也了解一点 IT 技术知识，但只是“两张皮”，不会综合运用，更不知道新形势下，校内学到的知识，在出版社工作时根本用不上，对于经营工作，更是不知所措。不适合出版社的工作需要。

3. 缺乏产业高度和国际视野

特别是现有的数字出版人才，对国外的数字出版与我国的数字出版的阶段性差异缺乏足够的认识，因此不能够适应数字出版产业的发展。出版社的人才，对互联网特别是移动互联网认识不足，对网民需求把握不够，对数字出版新媒体的运营认识偏浅，创新盈利模式不足，与平台商合作卖电子书就难免了。

4. 缺乏高端领军人才

一般的数字出版技术人员、内容人员和对外合作人员不缺，但缺乏数字出版高端领军人才。社领导由于年龄、知识、阅历局限等原因，不能成为新媒体数字出版领军人才，而普通的数字出版部门主任之类的人才，又限于日常事务之中，数字出版评论水平、战略规划能力和跨媒体运营能力都不足，只是进行日常维护工作，上不了新台阶，开创不了工作新局面。能够引领数字出版发展的人才是高层次数字出版人才中不可或缺的一部分。高层次出版人才应当包括，数字出版中的领军式经营管理人才、高水平的产品策划人才、复合型的数字出版开发人才、数字时代的市场推广人才、外向型的国际出版人才、数字平台运营维护人才、数字经营财务人才等。

目前，整个数字出版人才队伍和工作，无论是与出版业，还是与IT互联网相比，都是比较初级的。这严重制约着出版社数字出版工作的开展和整个数字出版产业的发展。

三、数字编辑人员如何提高素质打造精品

那么，出版社如何培养数字出版编辑人员，提高其能力和素质、打造出精品呢？这还要从数字出版产业对编辑人员的要求进行分析。数字出版编辑人才的业务素质，总的来说，应包括以下几个方面。

1. 对图书本质有深刻的把握

作为编辑，对图书要充分了解，这是做数字出版物的重要基础。如果一个对图书出版根本不了解的人，从互联网直接转移过来，想做出数字出版，是十分困难的，做出来的东西，很可能不是出版物，而是网上浏览的东西，过后就忘，没有持续性。显然，做出版是做文化，需要有积淀，有传承的意识，有做传世产品的意识，才能创造和实现数字出版物的价值。新入职的互联网业务人员，要先到图书部门实习一段时间，体会传统图书的策划、生产流程，了解图书的文化特性，提高自己的精品出版物意识。

2. 对读者需求和市场有深入的了解

作为数字编辑，对数字产品的用户有充足的了解，能满足用户的需求。用户需要良好体验，获得内容知识和审美体验，编辑要为用户着想，努力打造精品，从文字内容到UI界面。要注意，不能只做给自己和小圈子人看的孤芳自赏的东西。因为这样做，不会有市场。要知道，数字时代，数字内容是海量的，没有用户的接受，做得再好，也都是零。

3. 了解数字技术在数字出版上的应用

从某种意义上说，数字出版物是现代互联网技术与传统图书内容相结合的产物，因此，数字编辑既要了解图书内容、用户和市场，还要了解数字技术在数字出版上的应用。例如，要了解海量内容资源的挖掘与整合，了解富媒体技术和呈现形式，了解超链接技术和触屏技术，了解手机定位技术的应用；等等。要发挥技术的优势，成功地将这些技术应用到数字出版物中，从而利用不同数字技术的特征进行综合应用，开发数字阅读产品，展现数字出版物不同于纸书功能的独特一面。

4. 了解数字产品的发布与运营

数字编辑要对产品发布渠道有深入了解，对同类企业及总体市场表现有较深入的了解。渠道包括互联网渠道、线下渠道及终端客户的地理分布等，才能打造和发布不同于其他出版企业的个性化数字出版物。数字出版物不是像纸书那样，提供给渠道商就完事了，而是要不断进行运营，为用户做好服务，收集用户的意见和建议，及时升级为新的数字出版物。因此，渠道意识和运营意识，是数字出版物从产品跨到商品的惊险一跃。

5. 要有工匠精神

数字编辑要有工匠精神，追求完美，不放过任何一个细节，不管是文字，还是界面，还是内容间的链接跳转，都要经过多人试用，没有错误，操作使用能让多数人满意。如果不满意，就要不断改变，反复迭代，达到极致。有的数字编辑，会反复查看，甚至有“强迫症”。这才能为精品数字出版物提供保障。

除了上述这些基本素质外，数字编辑还特别需要有政治意识、文化意识、科学意识，不能出导向问题，能传承优秀传统文化，传播科学知识，提高用户的艺术水平。

当然，数字编辑的管理人员还要学习企业发展战略、人力资源管理、市场营销等管理学知识，有较好的人际沟通能力。

四、数字编辑人才的培养模式

数字编辑人才要了解传统出版和数字出版，往往是复合型人才，所以，培养要多下功夫，不能急于求成，要有长远考虑。而且，针对不同的数字出版人才，采用不同的培养模式。

除了招聘成熟人才之外，还要进行以下工作。

1. 内部轮岗、考证

安排出版社内的技术人员先在出版社内进行为期一年的轮岗，并鼓励他们最好能参加编辑职业资格考试。对于从图书编辑转过来的数字出版人员，则可以安排他们在网站进行轮岗，鼓励他们参加网络编辑职业资格考试。这样，有利于他们成为复合型人才，能更好地进行数字出版产品研发和数字出版产品运营。

一些出版社对于新入职本社的人员，先让他们进入编辑部门或市场营销、发行部门，了解出版物的策划、开发、营销和销售工作，有条件的，也鼓励他们取得数字编辑、网络出版等相关资质。

例如，中国科学技术出版社等出版企业，就鼓励社内人员参加数字编辑培训班，参加数字编辑资质考试，发展了一大批数字编辑人才。

2. 外出实习或招聘成熟数字出版企业的人才

与国外不同，我国的数字出版的驱动者不是出版商，而是拥有技术、运营推广平台的技术商、平台商、运营商或其中的集成服务商，他们已经形成了完整的产业链和盈利模式。安排数字出版人员到互联网企业或者是发展较为成熟的数字出版公司、领先出版社、电商平台、运营商 SP 等企业进行短期实习工作。他们可以近距离了解这些企业的技术研发工作和生产运营工作，这种培养模式可实现人才数量、质量上的提高。

外出实习，进入产业链的上游和下游，对把握数字出版全局，在出版社从事数字出版物的产品及服务的研发运营中，有着重要的意义，可以避免“闭门造车”的现象发生。此外，可以学到他们的实际运营经验。有些出版社就曾经邀请 SP 或电商平台的人员加盟出版社做数字出版。

例如，中版集团通过引进数字编辑等数字出版人才，做了很好的工作。在专业数据库方面，打造了“辞书语料库”“百科语料库”和古籍、美术、音乐、法律、医学等专业数据库；在出版业务转型方面，打造了“音乐数字平台”“大百科全书（第三版）数字版”；在数字服务转型方面，打造了“易阅通国际平台”“译云平台”等。为此，配套引进了许多中高级数字出版人才。

3.“走出去”——参加各种培训

目前，有许多数字出版方面的培训班，对于刚入职的大学生，可以让其参加数字出版班，以便了解数字出版动态。不过，要了解这些培训班的师资力量和主要课程内容，因为一些不同的数字出版培训班，水平参差不齐，课程经常重复，一些教学人员甚至在不同的数字出版班“走穴”等，事先都要调研清楚，可以避免花钱多收效低。出版社可以只派一两个人参加回来后进行讨论和交流。

许多出版社的数字编辑参加了中国新闻出版研究院等单位组织的数字出版培训班，开阔了视野，交流了业内经验，收到了明显的效果。

4. 与设置数字出版专业或研究中心的高校合作

这样，可以有计划组织数字出版人员开展各种形式的科研活动，提升他们的知识水平和能力。产学研无缝结合，既可以提高数字出版教学水平，又能够培养数字出版应用人才。

例如，中南出版集团成立数字媒体公司，与北京印刷学院等高校合作，成立了数字出版博士后基地，开展密切合作，培养复合型、实践型数字出版人才。

5. 参加数字出版年会、展会、论坛、沙龙和讲座

参加各种这样的会议，能够让数字编辑近距离了解数字出版产品和运营平台的最新动态。对一般Web电子书、KINDLE电子书、手机书、POD、数据库、富媒体电子书、基于iOS和Android平板电脑的App、电子书包以及主要运营平台和企业的发展有所了解。除了了解产品，还要了解经营者。

例如，安徽出版集团推出数字出版及新媒体业务，建立校园和社区数字网络教育系统，开通“时代”网上教育平台，开通社交网站“TIMEFACE时光留影”。在此过程中，培养了一大批数字出版专业人才队伍。

6. 出国考察培训

数字出版发源于国外，欧美国家在数字出版技术、硬件终端制造、平台运营、销售等方面领先，谷歌、苹果、亚马逊乃至施普林格、爱思唯尔、培生、汤姆森-路透、威科等，都是先进的数字出版企业，值得我们去学习。

例如，中国出版集团、人民交通出版社、人民邮电出版社、外研社等数字出版领先的出版社，都曾派骨干人员出国考察培训，学习交流。

7.“请起来”——请专家到出版社

请数字出版专家到出版社为相关人员开讲座，有针对性地进行答疑，双方共同研究本出版社的数字出版问题，提出数字出版解决方案，在这中间，培养实战型的数字编辑等数字出版人才。

例如，科学普及出版社多次邀请了杨再石等专家，进行了数字出版的讲座，指导了图书流媒体二维码视频产品的开发。

8. 干中学

各社情况不同，别家的数字出版探索有借鉴意义但不一定能复制到本社。因为，为了使数字编辑等数字出版人才成长，还要在本出版社内进行数字出版探索，研究本社图书的读者构成、图书的内容特色、市场需求，合作或适时独自开发产品，运营平台，销售产品，边干边学。这样，效果也许会更好。同时，要不断进行社内交流讨论，提高工作水平。

例如，中国出版集团公司制定了数字出版发展战略，在平台方面，打造了中国数字出版网——大佳网，开始搭建数字出版平台，与美国甲骨文公司进行深度合作，并用其提供的 Oracle 通用内容管理解决方案帮助中国出版集团公司打造统一的出版数字资源管理平台。与此同时，进行了数字出版人才的培养工作。

结　论

目前数字出版人才缺乏，存在各种问题，总体素质不够高，出版社可以借用各种方式，提高数字编辑人才的素质，以便发展我国的数字出版产业。

原载：《提升编辑素质 增强文化自信——中国编辑学会第 18 届年会获奖论文（2017）》，人民出版社，2018 年 7 月

05

第五部分

媒体融合转型升级

个性化时代的出版转型

近年来，数字出版从喧闹变得平静。从大大小小的新闻发布会，变为产品和服务的低调研发；从感性变为理智，从“不提数字出版你都不好意思和人打招呼”，变为低调闷头做事；从创业互联网企业忽悠风投，变为数字出版企业专心分析受众，立足市场做事；从技术商、平台商、运营商主动找出版社唱主角，变为出版社自己利用内容资源进行销售。

传统出版企业正在主动进行探索，不再只是提供内容给数字出版商，由别人进行数字出版。

传统出版企业正在从边缘走向中心，主动策划产品或服务，搭建平台，掌控用户，进入产业链中下游。使得技术商、运营商、平台商、传统出版商，大家都是主角或者都不是主角，数字出版正逐渐进入无主角时代。

出版社正在冷静、理智地寻找自己的数字出版商业模式和运营模式。各社根据自身的内容、渠道、用户特点，个性化地进行着不同的尝试。如科学普及出版社，主要是科普图书，立足于中国科协渠道；人民军医出版社，医学内容资源丰富，主要立足于总后的渠道等。

大众出版没有特定资源，没有专属可控的渠道，要走大众销售很困难。要以自己为主，在精品化、专业化、公司化、走长线上多下功夫，成立专门的公司，细化到互联网和移动互联网的分管问题，从而根据用户需求，将已有内容做细做透，打造出全新的产品，与渠道合作的同时，尝试建立自己的渠道和发展掌控用户，并且介于渠道的营销推广之中，提高在渠道上的话语权。在此方面，作家出版社、中信出版社、磨铁图书公司等，都取得了很好的成绩。

专业出版，特定资源，多年形成的品牌，个性化数字探索尚可进行。如医学、法律、金融、专利文献等，可将内容深度加工、结构化、碎片化，形成专题数据库，销售给专业机构和专业人员，形成收入。在此方面，人民卫生、人民军医、法律、知识产权、中国社科文献、人民交通等出版社在数字出版方面取得了很好的成绩。

教育出版、数字出版取得成绩的好坏，与纸书市场占有率、渠道和用户的掌控能力有关，也要考虑长线。地方教育出版社的数字出版也与地方政府有很大的关系，如结合“三通两平台”，以电子教室、电子书包等方式，提供数字化的教学资源内容。在此方面，外研社、华东师范大学出版社、凤凰出版传媒、云南教育出版社等取得了很好的成绩。

实际上，传统出版企业的数字出版已经进入理性化、个性化、主动化的探索阶段。不能机械照搬别人的做法和经验，要领导真正重视、分析自己社的内容资源、渠道优势，建立全新的组织架构与团队，建立激励制度，形成良好的运营机制，打好基础，发展用户，根据其需求，提供产品和服务，而不是提供现有电子书。

以科学普及出版社为例，该社的产品分为三类：第一，科普——大众出版——多媒体电子书，公众阅读，政府买单，科协渠道；第二，科技——专业出版，专业学术数据库，专业人员阅读，科研项目课题买单，公共和高校图书馆渠道；第三，教材教辅——教育出版，全科教辅图书出版资质，中小学教育渠道，提供数字化的教学资源内容。这是科普社和其副牌社、中国科学技术出版社的数字出版探索之路。

该社目前没有成立独立的数字出版部，由总编辑亲自抓，协调编辑、技术和销售部门，在目前的出版社中，也是比较独特的。他们根据自身享有国家财政扶持、带有一定公益性的特点，发挥内容和渠道的优势，走科技系统和科技馆渠道，弥补其在大众渠道销售、版权保护、个人买单动力不足等方面的缺陷。

当然，还有许多出版社观察多于行动。他们认为，没有适当的机会，不能盲动，因为没有发现可以运行的商业模式和运营模式。这样的理智行为是可以理解的。但总体而言，出版业早已不安于处在产业链的上游地带，只负责提供内容而不能掌握产品策划、渠道和用户。

如今出版业想要的是出版业的整块蛋糕、想抢占与行业有关的所有产业链，出版业用实际行动也证明了这一点。越来越多的出版社为抢占产业的上中下游，纷纷进行数字化转型，并且这样的转型探索已经步入理性化、个性化、主动化的探索阶段。

原载：《出版商务周报》2012-7-3

大数据将重构出版业

随着智能手机、电子阅读器和平板电脑的日益普及，移动互联网用户规模已超过 8.28 亿，微信用户数也已达 6 亿，手机淘宝用户（不含天猫）和支付宝用户均破 1 亿，购物人群已占淘宝互联网购物人群的三分之一，成为一个庞大的用户群体。

与 PC 与有线互联网时代匿名用户不同，手机或平板用户之间，是人与人的关系，微信用户与论坛用户 ID 不同，不再是“互联网上没有人知道你是一条狗”，而是若干个活生生的人。

这还不只是用户数量的简单增加，随着 SNS 社交媒体的日益发展，用户与用户之间的交流不断增加，用户平台、用户与商家之间的关系不断增加，用户与信息、用户与商品和服务的联系也在不断增加，用户量、物流、现金流、信息量也在日益增加，用户行为呈海量爆发式增长，用户数据呈现出网格化、立体化的特征，这就形成了大数据。而且，4G 牌照的正式发放，无疑会加大移动互联网的用户数量、消费行为、应用范围和行为影响。在全民网商和自媒体时代，买家与卖家的角色关系，读者与编辑、作者的角色关系，正在日渐模糊，精英编辑作者，将让位于有海量迭代纠错维基功能的草根自媒体网友。网友既是信息提供者，也是信息消费者。

伴随着移动互联网到来的大数据时代，在蕴藏着无限发展机遇的同时，对传统出版业形成了挑战，并将改变传统出版业格局。

1. 手机成为普及性终端，“出版社读者”将被“手机用户”取代

目前，手机不只是通信工具，更是人们日常工作、学习和居家生活必不可少的生活必需品。手机也不再是专业设备，目前我国手机保有量已达 12.6 亿，微信用户数也已达 6 亿，成为让每个用户实现随时随地移动阅读和提供

信息内容共享的终端。每一天，无数用户朋友圈中都产生着无数内容和无数阅读行为，构成一个大数据。

所以，出版社应转换思路。在大数据时代，不是只将纸书内容通过手机、平板电脑发布就够了。出版社需要对海量的用户对象、用户思维方式和消费行为有较深入的了解，并采取不同的出版传媒运营对策。也就是说，出版人的思维方式要移动互联网化，适合大数据时代，才能适应将被重构的出版产业。

2. 实际存在的用户行为可查找可追溯和实现定制

传统出版时代，图书只是通过书店卖给顾客，图书到底卖给了谁，即图书的用户都是谁，他们都分布在哪儿，如地域、城乡、年龄、性别、文化程度和收入如何，生活其他需求如何，对于出版社来说，都是不明确的。出版社要专门通过渠道商或对终端读者进行专门调研，外出采样调查很辛苦而且效率低，因为产生的数据很少，人力物力投入大，投入产出比极低。

但在大数据时代，人们在互联网平台，通过手机下单、通过互联网金融系统支付，通过专业的物流配送，每个系统都形成了数据库，用户行为线性化、清晰化、可追溯，用户的互联网产品要注册才能购买，人名、地域、家庭住址、手机号、QQ 号、微信号、银行网银账号，或者支付宝、余额宝等账号都是真实存在的。他们在购书、下载电子书的同时，还会进行文化产品、3C 数码、百货、服装、母婴用品的消费，行为在平台上是透明的。行为是可追溯的，图书、电子书将成为用户消费行为的一种。这些用户行为，可以为出版社所掌握和使用。对于某些读物爱好者，可以定向推送新的读物。通过他们的“点赞”行为和发送微信等行为，发现其需求，主动定制开发各种读物。对于课外活动玩具的购买，对于这类玩具相关的图书的推送，也是更容易满足用户需求的。

3. 广告发布效率提升会直接转换为消费

在大数据时代，由于用户都是真实的用户，也解决了传媒媒体时代“50% 广告费”投入浪费的问题。

由于有用户大数据的存在，在用户量大或分众用户群组明显时，广告商完全可以低价甚至免费植入广告。由于移动互联网引入了流量的概念，广告商更为看重的不是产品销售，而是流量多少。流量多，意味着用户的反复阅读，提升了品牌影响力。这样，可直接利用第三方付费的广告方式赢利。而且，广告受众和消费者可以完全合一。在传播媒体上，受众只是看广告，转变为消费者是需要时间和通过多个环节的，很容易被干扰和中断。而在大数据时代，则由于用户行为的真实性、全面性，如果他知道自己的孩子的年龄和爱好，自己要买什么类型、哪位作者的书，就可以直接让用户购买消费，提供贴心的服务。这就不是出版社做广告，而是用户提出具体需要为其个性化选择和定制提供了依据，销售的命中率大大提高。没有对终端读者的信息库，什么宣传、推广、营销，都是乱开炮撞大运。有了用户行为大数据，那就是准确的激光制导了。

4. 社交群组大数据促进出版物内容的针对性

志趣需求相近的用户，可形成群组圈子如 QQ 群、微信朋友圈等，他们的留言、评论、个人空间文章、发表的图片、在用户互动时的对话以及在电商平台的购买消费和点评商品的行为也存在于服务器的互动平台，有助于出版社发现需求，提供产品，完善产品，满足用户需求。根据他们的需要，他们关心与讨论的话题，可以定制开发出版物。

例如，对于军迷朋友圈和 QQ 群，可以了解热门武器和军备需求，通过大量的聊天、评论，在论坛、微信、微博中分享内容，打造相关的出版物，读者也是编辑和作者。

通过大数据分析，通过互动分享形成的阅读产品，还有利于盗版问题的解决。和用户数据有限，个人用户处于匿名状态，并可随意利用搜索获得阅读内容不同，移动阅读设备上的用户是实名的，内容是自己参与分享产生的，盗版问题的影响可在一定程度上减小。移动阅读与产品服务密切结合，用户体验好、服务到位、性价比高，这样用户就不会再选择只追求阅读内容的低性价比盗版产品，而是更加看重拥有良好用户体验和增值服务、互动性强的阅读产品。匿名会用盗版，实名大数据存在，盗版阅读的可能性大大降低了。而且，个性定制产品出现，使盗版概率更低，因为每个人都会读自己特定需要的阅读品，如一本书，章节多少和各章节内容有区别，对应于不同的用户。

高度大数据的内容与海量大数据用户的对应，导致个性化阅读时代的来临，工业化时代大量复制消失，会使盗版者失业。

5. 编辑—复制—发行渠道变短带动出版转型升级

移动互联网时代下的出版产业，批发商、分销商、零售商不是消失，而是形成“内容商——平台——用户”的最短渠道。这个缩短的渠道，同时还是出版商产品市场调研的渠道。内容商在平台上获取内容和用户行为大数据，使生产销售服务融为一体。

在平台上，用户可以依据兴趣爱好形成群组，如汽车、IT 数码、母婴、美容、保健等，单纯的产品销售渠道功能减弱，服务功能增加。同时，与纸书离散性的购买不同，互联网时代，细分产品和细分用户直接关联，可以形成连续性的订阅服务。选题策划，直接来源于大量用户的行为数据。就像最近的“京东出版”系列图书是基于对 1700 万用户的销售数据分析，从而选择出一批用户需求大、呼声高的选题一样。

出版商有了自己产品的准确定位，在此基础上可以自建细分平台，或在大的电商平台上搭建自己的销售门户，服务用户，提高用户掌控能力。这样，可以改变出版商只将纸书的电子文件交与其他平台商，自己远离出版核心，消极被动、处于弱势状态的局面，例如通过订阅移动应用，通过出版社自己的微店销售，可实现用户与出版商之间的最短、最佳渠道，从而实现出版产业的转型升级。

大数据要掌握在自己手里，从战略上来看，大型出版社或者中小出版社联合建立出版物电子商务销售服务平台，是十分必要的。因为，这会使自主营销效果更加精准。在平台上，用户间形成的群组让内容与作者及读者之间无缝对接。通过手机 QQ、微博和微信，出版社与用户可随时随地沟通。营销面对的是真实的海量用户，作者作为用户群组的一员，可直接与读者进行交流与推广。对于大众产品，还能使“作者——读者”间的关系形成“明星—粉丝”间的关系。不同的内容与不同的用户能智能化、自主绑定，系统进行主动推送。

总之，利用大数据，会使渠道变短，营销效果最大化。

6. 用户行为大数据让发行变客服

在大数据时代，发行部不再销售产品而是进行内容服务，甚至为读者提供一对一的个性化服务，完全化身客服部。如教育出版领域中，背单词的书变为英语学习服务，可自我测试、自我找错、智能组卷，帮助用户大幅度提高成绩。同时，出版商的发行部业务人员，要成为客服专员，通过微信等社交媒体形式，成为某一用户群组的召集人、沟通人。

根据海量出版物数据，针对不同的用户，出版商还能进行个性化、定制化服务，针对不同的人，提供不同的阅读产品及服务，包括增值服务。例如，客服人员从简单的养生保健阅读内容的提供，延伸到读者的身体体质判定，相关专家对保健品的购买咨询，并由专家性作者提供完整解决方案，成为综合性的一对一贴身服务。

同时，积累大量用户信息、产品、阅读行为、消费行为等海量数据，为出版社提供服务奠定了基础。例如，通过数以万计的海量用户，建立读者客户服务数据库，发现其工作、生活、阅读和消费行为，还可以主动进行服务推送。此时，简单的"内容为王"的概念将被颠覆，用户对优质内容的需求没有变，但"内容 + 服务 + 用户体验"才为王。

7. 真正的大数据跨行业融合趋势增强

用户的消费行为，不只限于图书甚至不只是数字出版物，用户是社会用品的全面完整消费，付费购买阅读只是其中之一。单一图书销售数据，并不是真正的大数据，在以后，阅读内容与用户的其他消费行为会融合统一。通过大数据，使数字阅读内容个性化的聚合、筛选，用户信息的挖掘、推送，用户参与内容生产、分享传播，阅读内容跨界，精准化内容传播完全成为可能。

例如，对于餐饮、美容美发、母婴、育儿、家装、购车、保险、疾病、休假、旅游等，移动互联网都可提供对应的内容服务。如对于养生保健应用，可以实时测量血压和脉搏，与养生机构及医院的信息共享和同步。利用全球卫星定位系统、基于位置的服务，与餐饮、娱乐、美容、养生会所等，借助微信、地图、导航等移动应用，通过 O2O（线上到线下）的方式实现互利共赢。此外，通过手机的重力感应功能，也可以开发出其他阅读衍生产品，提供其他增值服务。有了海量用户的消费行为，出版社混业经营，成为一种必然。电商平台必将综合化，平台为王，更加明显。

总之，大数据将塑造出全新产业格局，它将重塑出全新的出版产业业态，改变目前出版商图书产品的策划、开发、生产、营销的流程与功能，全新定位出版商的编辑、作者和读者关系。

现实是，出版社与渠道“各管一段”，出版社手中并没有足够的用户数据。如果京东等综合电商和文轩等新华书店的网上平台也通过用户大数据进行策划出版，那么对于出版社的影响就比较大。因此，大型出版社或出版集团应建立起自己的网上销售平台，中小出版社要联合建立一个网上销售平台，形成大量的用户行为数据库，为策划、出版、营销、销售和服务提供数据支持，以适应未来出版业发展的要求。出版业必须完成这一华丽转身，以便深入掌握渠道和用户大数据，从提供产品到提供服务，从文化产品加工制造企业变为互联网服务提供企业，完成传统出版业的更新升级。

原载:《出版参考》2014 年第 12 期

移动互联网出版：颠覆图书的策划、生产与营销

今天，我们已经迈进了移动互联网时代。除了睡觉的七八个小时，我们差不多有十六七个小时生活在移动互联网中，包括上下班的路上和饭前饭后。资讯传播碎片化和时间利用碎片化，使得移动互联网已经成为人们获取资讯、阅读作品和休闲娱乐的重要方式。没人会背着 PC 走，而手机是人手一部不离身的。

移动互联网已经成为我们身体的一种延伸。如今，数字出版也在向移动互联网转型，PC 端、电子阅读器都不再是主流，手机成为阅读的主要终端。传统出版社一定要适应移动互联网的发展趋势。

在 PC 时代，没有人知道你是谁。网上书店、电商渠道为王，出版社没有自己的用户，用户在平台商手里。出版社考察的仍然是市场发行量，没有考察每个读者的特殊需求。同时，我们现在做的数字产品，技术含量极低，基本上是直接将纸书内容转格式、换终端、原版原式地阅读。而在移动互联网时代，网友有自己的手机号，有自己的社交圈子。移动互联时代是出版社与用户的直接交流，而非通过第三方平台。

但是，现在传统出版企业在做数字化转型时，常常误以为做了几个 App、与移动基地合作上线了几本电子书，就实现了数字出版转型。其实，这是错误的，应付业外人士可以，但对于出版业，这是没法交代的。移动互联网时代，传统出版机构一定要注意以下几点。

一、要有掌控用户的概念

传统出版企业如果依然卖内容，将现有纸书变成 App 等待用户付费下载或者与手机移动阅读基地合作分成，收入都会很可怜，也没有什么前途。

数字时代，一定要研究用户的需求，不能从出版社内容出发。根据技术的特点，圈定细分用户。比如阅读产品究竟谁在读、谁在用，他的需求是什么，他与谁在什么社交圈子分享交流。要与用户经常互动交流，提供产品，让其参与产品策划加工；维系用户，让其有分享感、成就感。其实，这也是营销的一部分。

小米就是这么做的。也就是说，利用移动互联网的特点，实现产品策划、营销与销售一体化。

二、做全产业链

传统出版企业一定要实现全产业链运营，策划、产品与市场、用户无缝对接，实现移动互联网深度融合。今天的数字出版，只是做了产品加工，而将其销售给了电商、运营商和平台商，实际上都做了半截，没有一个企业做了全产业链的出版。出版社要想在未来赚到更多的钱，必须自己做全产业链。不能受产业链中下游商人的忽悠：出版社只需做内容，生产和销售由我们来做，你支付费用等分成即可。如果是这样，出版社将被边缘化，不能保证自己的收益。宁肯多花点钱，搭建自己的移动平台，有自己的技术人员，也不能什么都外包，造成出版社的空心化。

三、收缩出版板块

在移动阅读时代，用户是分群组的。传统出版社要加速“期刊化”，从通过平台商销售各种门类的图书、电子书，转换为圈定细分用户，为他们提供细分的阅读产品，使他们成为类似期刊的订户，忠实的粉丝。原因很简单，图书是离散的，期刊是连续的，移动阅读也要走粉丝化道路，通过粉丝不断消费来扩大影响力、实现经济效益。

收缩板块，表面上看好像是产品减少了，实际上是用户消费增加了，细分才能更专业。一千个忠实粉丝，胜过一万个不忠实的用户。正所谓：“有所舍才有所得。”出版社可以通过收缩板块为读者提供个性化定制服务，促使他们持续购买。这样做，不但不会有用户的流失，还可以减少维护用户的成本。

四、产品重新加工

移动互联网时代是浅阅读、碎片化、娱乐化时代，长篇图书不适合整块搬上手机终端。因此产品要重新加工，或编辑参与作者创作，从文章长短、话语表述方式上改变调整，从断句上就要考虑到手机屏的大小，适应碎片时间的手机阅读。另外，产品不限于手机阅读，还可延伸到手游；收入不限于付费下载，可含广告。

从技术上来看，基于苹果 iOS、安卓系统的产品，都要开发。前者付费潜力强，后者基数大，成长性好。

总之，移动互联网时代给整个传统的出版业带来了巨大的机遇和挑战，我们要去研究、去适应。

图书出版面临的新课题：电子出版物

一、什么是电子出版物

目前，随着科学技术的发展，新闻出版界所受到的冲击越来越大，在印刷方面，已经基本上“告别了铅与火”，即由激光照排代替了铅字排版。再进一步，一些报社、出版社正在逐渐“告别纸和笔”，建立起计算机系统的采编平台，作者、记者写稿直接用计算机输入并存放在软盘上，编辑加工、审稿也通过计算机直接读取此盘，校对采用黑马、三欧等校对软件，主编签发也通过计算机终端进行。计算机使出版的技术手段不断现代化。

与此同时，出版的媒体也发生了很大的变化，出版物不仅仅局限于传统纸张上的文字、图像，各种形式的电子出版物纷纷出现，如软磁盘（FD）、只读光盘（CD- ROM）、集成电路板（IC）等等。

那么，什么是电子出版物呢？一般说来，电子出版物是以电子数据的形式，把文字（text）、图像（picture）、影像（Video）、声音（sound）、动画（cartoon）等信息贮存在光、磁、硅片等非纸张载体上，并通过计算机或网络通信来播放以供人们阅读的出版物。电子出版物所涉及的领域比传统以纸为媒体的出版物要广得多，对人类的影响也要大得多。随着科学技术的不断进步，生产产量的不断扩大，计算机的功能越来越强，而价格却越来越低，而且网络技术也越来越成熟，被俗称为电脑的计算机已逐渐进入家庭，成为一种生活的必需品。电子出版物时代的来临已不是十分遥远的事情，而是即将成为现实。即使在国内，许多大型百科全书已做成光盘，幼儿识字、算术、智力开发方面的读物也越来越多，小学、中学各科辅导读物也被做成磁盘或者光盘，总的发行量已达数百万册，许多书店已开始销售软件。

总之，电子出版物已成为不可阻挡的大趋势，作为传统图书出版的出版社不能等闲视之。

二、电子出版物的特点

电子出版物有以下几个特点：多媒体、交互性、高容量、易检索。

（一）多媒体技术

电子出版物的信息量十分丰富，包括多种媒体，如文字、图形、影像、声音、动画等，比传统出版物要多得多，它可以利用这种优势，为读者提供种种信息，使读者十分容易地掌握各种知识。这种多媒体能造成许多有趣的情形，如版面规划、文字、背景音乐、提示语、展示微观世界的图形、神奇的自然景观影像等，使读者在阅读学习中高效率地完成各种工作。这种多媒体出版物对于少年儿童读物来说，是特别有意义的。

（二）交互式

和平常读书不同的是，电子出版物为交互式，即人（读者）和机（计算机）之间存在着双向的信息交流，例如，人可以改变进度和难度等，而不像平常读书那样，只是单一方向地向读者输出信息。这样，人与电子出版物就像讨论课的双方一样，可以及时进行交流。在目前的电子出版物中，读者可以用电子出版物所提供的菜单、按钮、点选、移动、按键、输入、限时等十几种交互手段，充分使用电子出版物。

（三）高容量

传统出版物以纸为载体，书的内容越多，所消耗的纸张越多，体积也相应越大，携带也就越不方便。例如，一本70万字的32开书籍，可厚达1000页，而放在磁盘中，只需占用一张薄薄的、巴掌大的3英寸盘（容量为1.44M）。光盘，可以叫作海量存储器，一张普通光盘的容量，就可达650M，它能够容纳320多种、每种均为100万字的、厚厚的工具书。

（四）易检索

电子出版物具有十分方便的检索性能，读者可以很方便地从几百万、几千万字中找到所需要的数据，如某个词、某段话、某个数字、某个符号等。它既不会出错，也不会漏掉，十分方便，特别是对于科研人员，更是十分有用。

三、电子出版物与传统出版物的区别

几千年来，图书出版一直是信息传播的一大方式，在传递信息、传播知识方面也一直起着十分重要的作用。本世纪以来，广播、电视的发明，并没有改变图书作为信息传播媒体的霸主地位，但计算机的出现则不然。它对出版界的冲击是巨大的，它以自己的优势，将在信息传播中占据主要地位，以计算机多媒体技术为依托的电子出版物，将占有传统图书市场中相当一部分的份额。因此，我们不能掉以轻心。

首先，我们要弄清二者之间的区别。

（一）出版载体不同

传统图书以纸作为唯一的载体，在纸上印刷各种文字和图形。这种以纸为载体的出版物，当然不会有声音、影像，它不但形式单调、容量小，而且更要消耗掉大量的纸张，对木材的需求很大，这必然要对生态环境造成破坏。而电子出版物的载体则可以是各种软盘、光盘、集成电路卡等，可以表现为声音、图像、动画、影像，界面十分友好，内容十分丰富。

（二）生产方式不同

传统出版物的生产中，文字写作、编辑加工、审稿、录入打字、排版、校对、制版、印刷、装订是分开的，是在不同的场合、由不同的人来进行的（作者、编辑部、排版车间、校对室、制版车间、印刷车间、装订车间，由作者、录入员、排版员、编辑、编审、校对员、制版工、印刷工、装订工来分别进行）。而在电子出版物中，从文字写作一直到制作为成品，都是在计算机控制下进行的，人员分工并不那样截然分开，策划、设计、制作、生产基本上一体化。

环境将因创作工具的完善化而减少无创意的人力浪费，编辑所节省的人力则转移到作品内部的结构与规划之中，不被各种琐碎的版式、体例、来回看稿等所消耗。

（三）传播方式不同

传统出版物以传播文字为主，辅之以图形，其信息类型是平面的、静态的、单向的，而电子出版物则能传播文字、声音、图像、影像、动画等，是立体的、动态的、交互式的（双向的），它以丰富的内容、友好的界面，由读者参与控制，向读者提供各种信息，这不但对于儿童，对于成年人也具有很大的吸引力。

（四）使用方式不同

传统图书的阅读方式是用手翻页，一般只能由一个人来阅读。要找某一方面的内容，要一页页地去查找。而电子出版物，可以由一个人在计算机上阅读，也可以在网络终端上阅读，大家可以同时看同一本书。也就是说，可以多用户共享同一本电子出版物。除了用键盘、鼠标器翻页外，还可以用声音控制来翻页。而且在使用的过程中，容许读者就任意一个节点作纵向、横向的深入探索，并可以依自己的需要对内容作增删，也能够在自己需要的地方加上标记。

（五）发行方式、销售方式不同

传统图书的发行是通过书目征订发行的，其销售渠道就是各处的书店，将书放在书架上就可以了，读者能够直接阅读，无售货员作指导工作。而电子出版物，目前还要通过软件专卖店、电脑产品代理公司来进行销售，销售人员要懂得一些计算机的知识与操作技能，要演示，需借助于计算机。此外，录音录像制品店，也是销售电子出版物的良好场所。

（六）再版周期不同

图书的再版周期一般较长，而且量越大，修订越需要重新做许多重复的工作，这就需要更多的时间。而电子出版物的修订，则相对较快，利用高速的计算机，可以很快地将电子文件作出较大的改动，并且可以很快地将它发行出去。如果是通过网络发行，则可以达到即时发行的速度，也就是说，发行完毕之际，就是用户读到此书之时。

另外，电子出版物，特别是光盘的保存时间很长，可以达到 150 年之久，而以纸作载体的图书，则很快就会发黄变质，难以保存。

四、电子出版物生产与经营的必要性和可能性

（一）生产与经营的必要性

目前，出版社的竞争十分激烈，出版选题中已经没有什么“空白点”，图书发行上，各种促销“招数”已基本上使用得差不多了。与其在出书内容方面去竞争，还不如在出书形式上进行竞争。而且，在技术上领先一步，就可以早日占领市场。此外，从另一个角度来说，我们必须发展出版事业，以推动信息与知识的传播，并且使我国的出版工作能够与国际进行交流，在目前阶段，进行电子出版物的尝试工作是十分必要的。

（二）生产与经营的可能性

事实表明，在当前进行电子出版物的制作与经营工作，还是十分可行的。目前，计算机的性能、价格等方面已经较为适合我国一般城市家庭的情况，而且随着科学技术的发展，计算机的价格还会不断下降，家用电脑必然会越来越普及，并且从城市向农村普及；另外，和以前相比，现在电子计算机专业的毕业生越来越多，而且在出版社中，伴随着一阵阵的“电脑热”，编辑人员的电脑技术水平及素质已大有提高，他们的选题策划能力较一般计算机公司的人员要强得多；资金方面也没有太大的问题，因此，制作电子出版物的条件已经基本具备了。

五、结论

综上所述，电子出版物具有很大的优越性，是出版物的发展趋势。电子出版物，它虽然不会完全代替以纸为载体的传统出版物，但随着科学技术的进步和人们生活水平的提高，它必将在出版物市场中占有重要的地位，尤其在少儿读物、教育读物、娱乐读物和工具书方面，将分占较大的份额。而且，制作与经营电子出版物，又是可行的。因此，电子出版物，无论如何也不应被有远见的出版界人士，特别是出版社的领导所忽视，否则，在不远的将来，在激烈竞争的出版物市场上，就有可能被市场所淘汰。因此，出版界的广大有识之士，在人才、技术、设备等方面要尽早做好准备，并进行电子出版物的制作工作，以便在未来的图书市场中，有更多的立足之地。

传统出版社如何把握“互联网 +”机会实现变革和转型

近一时期，“互联网 +”已经成为媒体、产业和日常生活中最火的词。制订“互联网 +”行动计划已写进今年的政府工作报告，纳入了国家经济的顶层设计。

确实，互联网已经改变了我们的工作、娱乐和日常生活，包括图书销售、购买、培训、学习、阅读、消遣，这对于我们传统出版工作者会产生极大的影响。因此，我们必须对此加以认真研究，发现工作思路，采取相应的对策。

一、“互联网 +”与出版工作的结合

（一）什么是“互联网 +”

所谓“互联网 +”就是指以互联网为主的一整套信息技术在经济、社会生活各部门的扩散、应用过程。

互联网作为一种技术，和 100 年前的电力技术，200 年前的蒸汽机技术，500 年前的铅活字印刷技术，2000 年前的造纸技术一样，将对人类经济社会包括出版业产生巨大、深远而广泛的影响。

例如，互联网金融就是互联网与金融业结合，通过互联网特别是移动互联网进行资金的存储、贷出、转账和支付等活动，极大地提高了工作效率，通过 PC 和移动终端、App 和二维码，使用网银、手机钱包、支付宝、微信支付、余额宝等，都是其中的应用。

（二）“互联网 +”与出版

“互联网 +”是传统产业带在互联网上的一种映射和延伸，“互联网 +”的本质是传统产业的网络化、在线化、移动化、数字化、大数据化。它会使发

布和销售渠道变宽、传递和交易环节变短，用户需求、消费体验与商品营销传播甚至产品策划开发连成一体。

传统出版业也遇到了“互联网 +”，图书的策划、编辑、印制、推广、销售，都与互联网有密切关系。图书用户对互联网特别是移动互联网的依赖，是非常高的。

中国迄今已经有 6.5 亿网民，5 亿名智能手机用户，为“互联网 +”打下了良好的基础。互联网商业、互联网金融、互联网旅游都有了成功案例，那么，与出版社相关的图书编辑、排版印装、推广销售、阅读分享，也会成为“互联网 +”的风口和机会。

“数字阅读产业很有可能就此爆发，成为下一个互联网的风口。”一位上海地区的文化传媒研究员预测表示。

确实，最早的电子商务网站，如国外的亚马逊网和中国的当当网等，最早销售的产品就都是图书及音像出版物，因为图书及音像出版物具有标准化的特点，更容易通过互联网传播、销售。现在，出版物产品本身也存在着数字化呈现和传播的特点，在编辑生产中，也必须要互联网化，出版业已与互联网密切相关。传统出版业进行互联网化，在产品形态、生产流程、推广营销上与互联网密切结合，非常必要。

二、“互联网 +”对传统出版社的启发

（一）出版社对“互联网 +”的认识存在误区

以手机为终端的移动互联网已经进入了快速成长期，在移动互联网时代，需要了解其思维模式和其他行业的应用。

但是，一些出版社对“互联网 +”的认识是有误区的，他们对于终端用户沟通从来不考虑，只是将书交给电商平台，由他们进行销售，考察的仍然是市场发行量，没有考察每个读者的特殊需求。没有认识到，出版社自己必须拥有图书产品的用户，知道他们的需求。特别是在移动互联网时代，网友是一个个活生生的人，有自己的手机号，有自己的社交圈子。“互联网 + 出版”，是指出版各环节都在与用户的直接交流，而非通过第三方。

因此，传统出版企业在“互联网 +”和进行数字化转型时，常常误以为是与电商平台一起销售图书，通过网站、微博、微信宣传本社图书，做了几个 App，与电商平台、与移动基地合作上线了几百几千本电子书，就可以了。

其实，这是完全错误的。

（二）“互联网 +”是一种“破坏性创新”

互联网 +，是一种“破坏性创新”，原有渠道、品牌优势不再，用户为王，用户对商品的测试、体验、分享等行为，甚至会影响到商品的研发、生产与销售。原有传统产业，会出现新的洗牌。

例如，采用“互联网 +”模式，是用户参与研发过程反复迭代，通过粉丝口碑进行营销等，不是传统手机厂家的企业闭门研发生产、地面渠道布货、媒体轰炸宣传的经营模式，如小米手机销售额很快达到 400 亿元，形成了对诺基亚、摩托罗拉、爱立信等传统手机经营的颠覆。

面对阅读的新生代，传统出版社采用“互联网 +”思维，进行出版物的产品策划、内容拆分整合加工、渠道建设与用户掌控、品牌重塑等都非常重要。

因此，“互联网 +”，绝非图书的网上宣传和网上销售，而是采用互联网思维，对传统出版的各个环节进行重塑。

（三）“互联网 +”思维如何引入并深化到出版机构

最近几年，“互联网 + 全民阅读”是大趋势，网络销售、网络传播、移动在线阅读，将成为全民阅读中的重要组成部分。

传统出版和新媒体的深度融合在移动互联网时代，将成为新的经济增长点，是突破传统纸媒体产业经济低迷的机遇。我们的编辑出版发行人员，要抓住这一难得的历史机遇，学会互联网思维，将传统出版产业，进行互联化改造，成为“互联网 + 出版”。

“互联网 + 出版”，绝非只是传统出版社提供图书产品和图书内容，让图书电商销售平台和数字阅读运营商唱主角，让自己继续“边缘化”，而是自己采取新思维和新行动，特别是出版社领导，要率先转变脑筋。

出版社的社领导和编、印、发等部门的所有员工，都要进行学习和交流，集思广益，学习、研究、强化互联网思维，提出业务工作改进办法和实际操作细则，并将其用到自己的工作上去，再次强化为社级管理制度。

要从产品策划、编辑加工、宣传推广、销售几个方面，利用互联网对传统出版社所有流程和各环节工作进行改造。

三、“互联网 +”如何改造传统出版社的业务

（一）选题论证互联网化

在出版社选题论证方面，要互联网化。

出版社不再是总编辑主持，各编辑、印务、发行人员闭门开选题论证会，而是事先由策划编辑通过互联网进行市场调研，有用户需求分析、书店及开卷销售数据支持。作者可以在线与会场论证人员和专家进行交流，解答疑问。可以提供书稿内容片段到社区群组，由目标读者提出喜欢与不喜欢的意见，得到选题的支持率。

现场参加选题论证会的人员，可通过 OA 或 BBS 论坛系统发起投票。

（二）编辑策划的互联网化

在出版物的策划和编辑方面，要互联网化。

编辑人员要有互联网思维意识，就是要有用户思维，做好市场调研，从用户需求出发，策划产品。

编辑可以建立微博好友圈、QQ 群、微信朋友圈、豆瓣等 SNS 好友小组，提供书稿加工过的篇章内容，与读者好友进行充分交流，广泛了解他们的需求，收集意见和建议，以提炼出书稿的版式、封面产品的效果样本作为测试版，听到用户的意见和建议，反复进行修改，满足他们的需求，不能闭门造车。

对于积极提出意见和建议并被采纳了用户，要给予必要的鼓励，如赠送图书、充电宝、电话卡、优盘等其他小礼品。经过反复迭代，可以编辑出大部分读者喜欢的图书产品。

（三）宣传推广方面互联网化

在宣传推广方面，要互联网化。

要发挥电商平台读者评价和出版社自己官方微博、官方微信公众号和阅读网站 SNS 小组的作用。要将图书资讯，传递到用户好友社区群组。要考虑到用户的需求，内容要轻松，以实际生活需求的软文为主，不要搞成硬广告推介，以免引起用户反感，被拉黑和取消关注。

其中，“优质内容 +SNS 社区 + 个性化服务”是成功的关键，传统出版社在做好内容的基础上，提供优质图书产品、碎片化篇章内容，要建立专有的

豆瓣阅读社区，不管是文学、艺术，还是传记、经管、历史文化，抑或心理、健康、科普、生活类图书。要让优秀内容通过用户的口碑，进行自发传播，实现病毒式营销。

（四）销售方面的互联网化

在销售方面要互联网化。

要充分发挥京东、当当、亚马逊等电商平台、出版社自营网店、天猫旗舰店和微信微店的作用。将产品铺到所有的互联网渠道，关注销售数量，提供更好的销售服务。

还有，发行销售部门和编辑部门要密切配合，收集用户对本社图书产品的意见和建议，或出新的图书，或在修订版时满足用户的需求。鼓励用户参与图书的销售和生产，提供优秀的创意，将用户从读者，转变成进行出版的参与者，进行出版众筹活动。同样，收集、积累这些用户行为的大数据，适时进行个性化、有针对性的定制推送服务。

这样，以用户为中心，形成从策划到销售再到策划的完整闭环。

（五）纸书和数字出版物加工生产发布的互联网化

出版社不光是出版纸书，还要同时发布数字出版物，它们都要互联网化。通过出版社的协同编纂系统，作者上传书稿 WORD 版，由不同的编辑和校对人员分别对内容进行编辑加工、校对，与编辑样本库存量资源进行对比，发现内容的真实性、新颖性和全面性，生成编辑加工记录。

在形成了印刷版 PDF 文件的基础上，编辑还要进行书稿文件的结构化、颗粒化处理，形成元数据，进行数据关联和数据挖掘，形成数据库文件；与增量多媒体素材库进行关联、配比和抽取，形成音频、视频、动漫等富媒体文件。这些文件要支持 PC、平板电脑和智能手机，流式、自适应屏幕的自动排版，以满足个性化、大规模定制的需求。

（六）自建平台形成用户行为大数据

“互联网 + 出版”，最终目标是要形成“内容商——平台——用户”的最短渠道。这个缩短的渠道，同时还是出版商产品市场调研的渠道。内容商在平台上获取内容和用户行为大数据，使生产销售服务融为一体。

在平台上，用户可以依据兴趣爱好形成群组，如汽车、IT 数码、母婴、美容、保健等，单纯的产品销售渠道功能减弱，服务功能增加。同时，与纸书离散型的购买不同，互联网时代，细分产品和细分用户直接关联，可以形成连续性的订阅服务。选题策划，直接来源于大量用户的行为数据。就像最近的“京东出版”系列图书是基于对 1700 万用户的销售数据分析，从而选择出一批用户需求大、呼声高的选题一样。

出版商有了自己产品的准确定位，在此基础上可以自建细分平台，或在大的电商平台上搭建自己的销售门户，服务用户，提高用户掌控能力。例如通过订阅移动应用，通过出版社自己的微店销售，可实现用户与出版商之间的最短、最佳渠道，从而实现出版产业的转型升级。

大数据要掌握在自己手里，从战略上来看，大型出版社或者中小出版社联合建立出版物电子商务销售服务平台，是十分必要的。因为，这会使自主营销效果更加精准。在自己的平台上，用户间形成的群组让内容与作者及读者之间无缝对接。对于大众产品，还能使“作者——读者”间的关系形成“明星——粉丝”间的关系。不同的内容与不同的用户能智能化、自主绑定，系统进行主动推送。例如，科学普及出版社建立了果脯网，高等教育出版社建立了高教社蓝色网上书城等。

总之，出版社都要以用户为核心，发现其需求，建立自己的垂直渠道，提供个性化、大规模定制阅读产品，达到从内容到产品再到用户的完美结合，从而更好地为用户提供精准阅读服务。

这样，充分利用互联网，传统出版社就不再是封闭式的编、印、发，由电商平台掌握用户，而是自己掌握了用户需求，能为用户提供个性化服务，真正站在了“互联网 +”的风口上，能飞起来了。

在两种媒体融合发展中出版工作管理初探

毋庸置疑，媒体融合的主体是互联网，其强大的融合力使得基于互联网应用而产生的新媒体一开始就拥有了信息化社会最先进的生产力的基因和强大的生命力。自此，新媒体成为了媒体发展方向的代表。网络的发展方向必然是完全IP化，从而导致全网络融合，网络融合必然会导致媒体融合，从而形成全媒体，进而导致业务融合，从而形成全业务。所以，新媒体无疑是媒体融合的先锋，并带领传统媒体走向互联网，走向融合，走向未来。

传统媒体机构走在这条全媒体、全业务的发展道路上会遇到很多问题，如何快速认清形势、找出自身劣势、探索出解决方案，决定着融合的成败。笔者根据多年在传统媒体的工作经验和对于新媒体尝试的教训，试图简略探讨一些融合过程中的管理解决之道。

一、媒体特点和融合可能遇到的问题

首先，新媒体快速、高质量、高效的传播方式与传统媒体已有模式有很大的不同和冲突。新媒体是一个很大的范畴，并不是简单的建立个网站、发微博和微信，也不只是想“我要搞些内容和话题”，而必须时时在考虑受众想要看什么内容，涉及的内容也是多方面的，其中有数据、图表、心理博弈、热点借势、认证大号资源的利用、媒介合作、话题引爆、益智游戏等等，并承载着这个时代更多的公关、广告的职能。仔细研究成功的新媒体文案案例，你会发现，他们通常是成功把握了受众的心理，传播内容都切中了人的一些最基础的情感，比如感动、愤怒和欲望，传播方式采用最高速和便捷的手段，从而在短时间内引起了受众广泛和炙热的共鸣，受众的共鸣和反馈亦成为传播内容的组成部分，加速了内容扩散速度，优秀的新媒体策划中文案、热点、把控力、煽情力、执行力、人脉、资源等诸多因素在同一个案例中达到高度的协调和统一，这些因素在为同一个传播目标互为补充和促进。

我们选取传统的三大媒体中的纸质媒体为例探讨其与新媒体的不同。报纸杂志、图书都是以文字传播为主，作者、编辑、记者只能采取单一的、线性的方式，并对内容做出抽象地概括，这难免让受众感到与真实有所差距；纸媒传播信息都受版面限制，信息的容量有限，只能截取最有价值的信息，迎合大多数人的阅读取向，因而缺乏个性化，不能全面满足受众的阅读需要；受出版时间的限制，报纸新闻的更新速度最快也只能以“天”为单位，尽管可以以“号外”的方式补充重要的新闻信息，但杂志和图书的出版周期则更长，在这个信息时代，报纸新闻和图书的时效性和信息含量远落后于网络；发行量亦受数量和地域的限制，直接导致信息源有限和传播效果覆盖面有限；印刷和存储烦琐，检索查询更是劳心费力；传统媒体信息传播的过程中都是单向传播的，即机构向受众传播，没有受众的信息反馈这一环节，受众只能被动地接受信息，缺少参与对信息发表意见的途径，平台和载体之间良莠不齐，在信息和网络时代，很难引起读者的共鸣。

其次，传统媒体和新媒体的融合发展涉及诸多顶层设计因素，它们在资本、融资渠道、资源和盈利模式等体制、机制上有很大不同。媒体融合绝对不是简单地将传统媒体上的内容搬到互联网，关键问题是通过融合打造舆论的主场平台，融合的难点不是技术而是资本、品牌、盈利模式、资源和机制。现代企业或者机构在企业品牌、观念、平台、受众、机制、资本中最关键的是品牌、机制和资本，目前中国的媒体具备品牌价值的不多，这些机构也很难卖钱，如果机制和体制不改，融合不容易完成，只有资本以并购、控股等形式才能快速实现传统媒体和新媒体的融合。不可否认，传统媒体相对新媒体机构融资渠道更有限，同时传统媒体看不到也无法理解新媒体机构的盈利模式，导致传统媒体机构不敢大投入，进而不能产生好的收益，无法形成投入和产出的良性循环。投入的概念不仅限于人、财、物三项，媒体竞争更多的体现在资源占有竞争方面，传统媒体似乎比新媒体拥有更多的资源，但这些资源却又时效有限，融合时面临电子版权资源缺乏的问题。融合过程中必然要求传统媒体通过利益驱动来调整运营机制，设计出符合自身企业规律的盈利模式，深入挖掘媒体资源，打破行业乃至媒体内部的机制壁垒，否则融合前景堪忧。

可以说融合发展，必然淘汰一些相关产业，也必将改造一批行业和部门，最终的结果是融合打造出一些明星企业和部门。融合的过程既是产业再造、产业升级的过程，也是优胜劣汰的过程。当传统媒体和新媒体融合的时候会因为不同的盈利模式要求企业有不同的投入和收益预期，不同的传播方式导致对于从业者的要求不同，运营模式的不同导致工作方式和效率追求不同。这些融合中普遍存在的问题如果解决不好，会极大影响融合效果，我们必须引起足够的重视。由于篇幅的关系，本文不详细论证传统媒体和新媒体融合的顶层设计问题，仅从实际工作角度出发，探讨融合发展中管理方面的具体问题及解决方法。

二、传统媒体和新媒体在融合中管理的具体问题

（一）媒体融合的流程管理

如何利用管理手段，把融合的阵痛减到最小、时间最短，就是我们这些管理人需要尽快解决的课题。

两种运营模式和流程有共通之处，区别在于效率要求和技术手段的不同。新媒体运营从一定层面上打破了传统媒体运营的平衡，使得很多传统媒体上的好环节和流程在新媒体上变得不适用，甚至起到阻碍作用。其实传统媒体运营的很多环节和流程恰恰是保证新旧媒体融合顺利发展、激发新媒体创造性、保证媒体信息传播质量的必要条件，只不过传统媒体的从业人员还没有真正转变为互联网思维，在技术应用上不够熟练，不能有效提高效率，同时部分从业者也没有真正理解传统媒体各个环节和流程的实质，在没有变通和发展的情况下，造成了传统媒体转衔接新媒体的不适应。新媒体的一些工作模式其实早已渗透到传统媒体中的方方面面，一些技术手段也得到了广泛的应用和认可。传统媒体人面对新兴产业的浪潮，必须要与时俱进、通权达变，才能乘风破浪。诚然，产业升级和改造的过程是艰难的，也是痛苦的。

（二）媒体融合的人才激励机制

如果媒体融合时人才管理，特别是激励机制不健全，很难留住人，优秀人才极易流失，因此建立良好的用人机制很重要，薪酬和激励机制问题非常重要。传统媒体企业大多是国企，而且还是这几年从事业单位的体制转变过来，一些旧的薪酬体系带有很深的计划经济时代烙印，这种考核体系很难适应新媒体和新经济时代的竞争。现代企业的竞争，说到底是人才的竞争，公司不分大小，员工不在多少，只有善于汇聚众人的智慧，把各种各样的人用

好，人尽其才，才尽其用，并通过薪酬考核机制有效地激发员工的工作热情和创造力，企业才能兴旺发达。

媒体融合的薪酬管理，必然涉及员工工作量的数据统计，这关系到员工薪酬和内部竞争体系的建立。传统媒体行业的薪酬结构有待调整，虽然调整的依据有很多，但其中很重要的一部分内容是工作量的统计与考核。融合过程中媒体企业应尽可能地把工作内容量化，业务部门和人力资源部门通过统计软件及时有效地统计员工的工作量，并根据行业平均水平及时调整和制定人才激励政策极其重要。

（三）媒体融合的资源储备、品牌建立和管理

众所周知，现代企业经营得好坏同搜集、储备足够的产品资源、建立和管理企业品牌关系密切。在新媒体时代，当媒体产品逐渐脱离了实物形态时，品牌的概念与理念显得尤为重要，媒体经营机构是否有足够的有价值的资源，是否有足够的影响力及过人的营销能力往往决定着企业的兴衰。品牌建立需要通过产品内容带动实现，媒体产业链的各个环节需要联动发展。媒体企业应先集中力量把产业链的某一环节做强，做成品牌，然后向产业链的其他环节延伸，进而实现强者恒强的局面，这也是许多互联网企业惯用的策略。第二阶段，优质产品与品牌将会进一步带动平台的发展，保证企业在很短的时间内便聚集起众多优质内容资源，使得企业在新媒体产品的开发上能与其他企业保持独树一帜，避免同质化。经过一段时间的稳定前行，企业最终实现品牌、产品、平台的综合发展。

传统媒体和受众之间互动少，受众参与感少，黏性不强，读者对产品不满时的应对手段就是下次选购产品时舍弃这个媒体企业和产品。新媒体时代则不同，如果受众对媒体提供的产品不满意，会马上卸载转而选择其他竞争者产品，并把不满迅速通过网络传播出去，进而影响品牌的口碑，因此新媒体必须在每个产品中都倾注全力，打造品牌和影响力。

我们也要清醒地认识到，品牌的口碑和美誉并非朝夕达成，融合发展是大势所趋，在建立品牌过程中传统企业的发展状况各有不同，每一个企业都应根据自身实际情况制定自己的品牌发展战略，采取切实有效的举措，稳步推进，不能急也不能缓。

（四）媒体融合中内、外部信息传递和反馈的管理

企业内、外部信息传递和意见反馈的及时有效可以为企业精准调整和制定发展战略、经营政策和产品研发方向提供重要参考。传统媒体和新媒体融合过程中要求媒体企业比原来做更多的尝试和探索，媒体企业在外部必须注重和加强相关的信息渠道建设，不断增强行业内信息沟通，注重受众的反馈与参与，注重受众意见反馈，努力扩展媒体外延，并确保企业内部上下级之间、业务部门、销售部门以及业务支持部门之间无障碍的沟通。

传统媒体运营的单向性不仅仅是面对受众群体，面对内部管理也是如此，内部业务部门及销售部门常常是等待上级下达任务，他们相互之间很少沟通和反馈信息，各部门只保证自己及时完成任务和指标，只有完成之后才将结果反馈上级，等待综合评价。新媒体时代的市场是多变的，受众关注的热点持续时间非常短，往往产品一个完整的研发流程还没进行下去，热点就已经变了，如此形势下需要从业团队对社会热点有极高的敏感度，并能在第一时间准确响应，企业内部各个部门协同作战，如果再采取靠着上级安排任务、下达指标这种模式根本无法适应市场，必将惨遭淘汰。可以说新媒体的市场没有任务，没有指标，市场也没有边界，一切皆有，又一切皆无，这一切都是创造出来的，而且还是在很短的时间内。

同时，企业各个项目的运营团队也逐渐小型化、全能化。融合发展中新型团队的建设目标一定是项目负责制型，除了财务、人力资源、行政等公共资源机构和部门外，其他的业务职能部门与人员在企业内部小型的开发团队中都应该配备完善，形成小集团军规模的作战态势，团队间也要保证内部运营的良好沟通渠道，才能实现企业层面的沟通在短时间内完成。

（五）媒体融合中产品内容的管理

媒体融合中要切实保证产品内容管理、加强内部差错分级管理和严格执行处罚条款，不能因噎废食只追求发展速度和效率而忽略产品内容的质量。无论传统媒体还是新媒体都要对自身传播的信息内容负起责任，新媒体更应严格自律。新媒体具有覆盖范围广，传播速度快等特点，一旦产品内容出现问题，给社会和企业带来的损失是不可估量的。新媒体受众的参与程度高，受众群体中不免鱼龙混杂，不排除个别人有意甚至是恶意制造虚假信息内容的可能。

传统媒体对于规范信息内容和审核信息内容的准确性、真实性有严格的

规范和审核标准。到了互联网时代，有些传媒机构为争夺市场和用户，通过降低审核标准来迎合受众、取悦受众，对自家媒体传播的内容不加以引导与审核，放任这种趋势亦越演越烈，一时间在新媒体上出现了低级趣味的信息内容并广泛传播，通过制造无中生有的谣言、热点吸引受众关注。从长远看这些现象对一个国家和社会的价值观、社会稳定性的伤害都是巨大的。

新媒体首先要认清自身的责任和使命，真真正正从意识上把提高产品内容质量放到企业生存和发展的高度，认认真真地负起该有的社会责任。其次是通过必要的流程和手段来规范信息传播内容，确保质量。融合中企业内部要配备专门的产品内容审核岗位，选择有较高政治素质和文化水平的人员担当此任，从政策上、知识上、常识上等诸多方面对产品进行快速而准确的识别与判断，把传统媒体对信息内容选择和审核的优势充分扩大和延伸。

（六）融合媒体对编校质量的控制和业务人员培训管理

新媒体的信息采集制作和发布都依赖于计算机技术，媒体企业和机构必须也要依靠信息技术手段处理业务，很难想象，面对海量的信息仅仅依靠人工来识别和处理是多么可怕的事情。一些基础性和事务性的编校工作依靠软件反而比人更可靠。由于新媒体的互动性大大提高，信息传播的渠道和形式多样，也需要通过软件来实现实时监管控制。

软件的编写有过程，造成软件有一定滞后性，由于软件造成的误差可以通过提高软件更新频次和经过软件筛选处理后的信息抽样再依靠人脑智慧的识别和判断来解决。让人、机形成良性的互动，准确无误地完成整个信息加工、传播、再加工这个闭环。

融合中的媒体经过不断发展壮大，需要更多的具有良好职业素质的采、编、校人才，日常的业务和导向培训不仅能防微杜渐，减少问题的发生，更能培养出优秀的编校人才。

（七）融合媒体对突发事件及时应对的管理

新媒体具有传播广、速度快的特点，很多突发事件如不第一时间处理并解决好，必然会造成重大的影响和损失，这种损失既有企业层面的也有社会层面的。其实这个问题传统媒体与新媒体都有做得好的，也有不好的，和媒体处理突发事件的经验、敏感程度、对事态发展的把控能力有很大关系，新媒体未必游刃有余，传统媒体未必“廉颇老矣”。

正确处理突发事件的方法并没有固定章法，但是有几个关键点需要着重关注。由突发事件处理不当造成的事态升级很多最初都是由误解不断加深造成的，媒体面对事件首先必须要及时拿出负责任的态度，表现出令人信服的诚意，才能赢得信任，媒体产品可以说是在精神层面引导大众消费的特殊产品，因此大众对媒体行业的要求也会比其他行业更高，如果媒体用虚假的方式处理问题必然给自己引发更大的危机。其次处理的过程要公开透明，经得起受众的质疑。

及时发现，第一时间处理，公开透明是消除突发事件的不良影响，变坏事为好事，进一步扩大自身美誉的一大法宝。

三、结论

综上所述，面对传统媒体和新媒体融合的问题，必须要认清现实，才能更好地发展，认清现状，才能够改变现状。在此意识的基础上，加强融合管理，是非常重要的。尤其是从顶层、人才、激励、流程、信息、品牌、培训、质量等几方面着手，顺应趋势，才能挺立时代潮头，获得快速发展，探索出全媒体产业链整合的新的业务模式和管理模式，促进传统媒体与新媒体联动发展、一体化发展。

大数据时代的出版：从内容复制到知识服务

随着互联网技术的发展，人们的阅读、娱乐和商务方式发生了巨大的变化，新媒体出版传播也将进入移动化、碎片化、互动化时代，单纯的内容复制，正在向海量化、个性化、智能化的知识服务转型。通过数据挖掘、数据关联，使用户行为与碎片化的海量内容匹配，再通过智能比对进行个性化推送，从而实现定制阅读服务，这成为出版发展的方向。同方知网、阿里巴巴、京东等正在进行相关的尝试。

从商业模式上说，到目前为止，电子书销售仍然是数字出版产业内较为典型的产品业态之一。但由于技术含量低，电子书只是纸书的电子版呈现，除了内容阅读外，附加值也很低，因此对于出版社和读者来说，电子书都是一个不愿意持续投入的产品。此外，内容产业在中国还受到盗版的威胁。显然，电子书不是出版社对数字出版探索的方向。

个人认为，出版业会从销售介质与内容合一的产品（纸质书、电子书）向提供知识服务（收费或免费）转型。在海量内容信息、海量用户行为大数据的支撑下，出版商通过使用这些数据与第三方企业合作，可以实现新的盈利模式，再造出版业，这是毋庸置疑的。

一、海量、关联化的内容是知识服务的基础

单本书、单张光盘，有限量的文、图、音频、视频内容，不能构成海量信息，受众（原来意义的读者）数量也有限，难以构成内容大数据和消费行为大数据。海量信息内容是不可少的，而且这些内容都是碎片化的元数据，经过标引，能够检索，加上海量用户的阅读行为，才能形成大数据。由于没有一本书的概念，知识都是碎片化、可以相关的，用户喜欢阅读什么内容，都会留下痕迹，因此智能软件可以推送其他相关内容。根据用户的注册和消费信息，智能软件还可以预测其下一步的阅读行为，并主动为其提供相关内

容，实现个性化定制服务。

出版转型，也就是将传统的编辑、排印、发行转变为内容的数字化、碎片化，通过知识挖掘技术、大数据分析技术，实现内容资源的结构化，以及知识的多属性展现。形成以知识要素为单位的细粒度、数据化生产模式，实时化新知识传播，跨学科、跨行业、多角度应用，以及多媒体、多终端、交互式展现。

这样，凭借对数据的积累与挖掘，技术软件通过对用户的查询需求理解以及与结果的匹配计算等搜索技术，可以对海量专业知识进行优化排序，以确保被多数用户认可的最优内容能排在搜索结果前列。这样可以缩短用户繁冗的筛选过程，提升搜索效率，从而更好地进行知识服务。

在这样的海量信息中，每一条内容之间都是关联的，多个属性是相关的，可以分维度进行相关推送展示，一步步尝试。一个入口进入，可以找到多条路线、多个出口，成为开放的、无边无际的立体网络，N 维空间。而非像一本书那样，是封闭的，一个入口，一个出口。这样，服务也是无限的。

总之，在大数据环境下，用户对于知识阅读的需求，应该是能够被满足的，想到的就有，想不到的也能看得到，阅读需求是可以创造出来的。知识服务将为用户展现立体化、可视化、动态化的知识地图，把用户带进无限的知识世界。

这样，由一个知识点到知识链，由一个主题到一个专题，再到社区分享阅读和协同阅读，从协同阅读到内容评论，再到维基式的内容生成，从而形成持续的知识服务。

所以，原来一本本图书的电子文件，只是出版海量资料的素材，后边要有大量的关联内容进行匹配，提供相关的查询服务。形成统计数据库，并将它做成大数据产品，为特定用户的阅读查询提供特定的数据，一步步引导用户找到感兴趣的问题的答案。而后通过不断的修订、补充、完善内容知识，使出版成为为用户提供连续知识服务的过程。

因此，出版社在未来要能够以大数据为背景，提高数据汇聚、关联、分析、推送能力，为用户体验良好的数字内容信息服务。

二、提供分众的个性化内容实现精准知识服务

在海量内容的基础上，用户行为也将是海量的。在大数据系统中，很多

以前被忽略的“小众需求”也具备了价值，特别是小众需求产生的内容。小众需求产生的内容，更可以满足分众的个性化、精准化服务需求。有别于1.0时代的“你写我看”、2.0时代的“你写我赞”，在3.0时代，用户与作者已经是不可分割的了。在某种意义上说，作者也需要知识阅读服务，读者也可以提供内容，他们都是用户，经过社交化，密切协作。这些用户可以产生内容、增补内容、更正内容，实现对内容的评论、补充、修改、创造。分众内容，是专业化的知识。其内容与分众用户相结合，将更加有价值。

出版社的编辑也要参与知识服务中，将编辑、作者、读者全线打通，让知识内容在“维基”“众包”模式下自主更新、自我成长、有机发展。

这将促进内容产业新的繁荣，也促使内容生产者向更为分众、专业、精准、个性化、互动性的方向发展，从而实现读者与作者的直接交流、无缝对接，推动出版产业向知识服务成功转型。

用户如是选择了这样只为自己定制的，最有针对性、最具吸引力的，独到的内容资源，这种唯一、优质、个性的信息服务，也就有了成为付费服务的可能。

三、预测读者消费行为，提供增值知识服务

在大数据时代，用户是最重要的资源，出版要实现跨界，不是将内容销售给读者就结束了。读者的第一次消费只是开始，我们要努力把读者发展成为忠实用户，实现持续知识服务，多次销售。这当然需要大数据支持，因为，大数据的核心功能之一就是预测。利用用户的注册信息和阅读行为大数据，软件技术能让机器像人一样分析预测。它通过把数学算法运用到海量的数据分析中，可以预测事情发生的可能性。这就使我们发现用户新的需求成为可能，从而为其提供新的服务。

和“离线的”纸书阅读不同，在互联网阅读领域，注册用户在阅读终端的所有行为，包括什么时间，在哪儿，看了哪些主题的内容，甚至在每一段内容停留的时间等信息，都可通过专业的软件获得，这样就可以了解用户的阅读行为、偏好和趋势，而这也是出版服务商（而非传统的图书出版社）需要掌握的最重要的数据资源。许多网站的“猜你喜欢”就是这么来的，比如亚马逊可以帮读者推荐想要的书，微博推荐的好友是与我们发微博主题相近的等等。知识服务型的出版，也是要采用大数据技术预测用户的未来消费行为，不但可以精准预测用户的知识需求，实现按需出版与精准推送，而且还

能为用户提供其他增值服务，实现商业价值的最大化。

例如，通过一位用户多次阅读生理期科学知识，结合用户的注册信息，以及她在社交群组中谈论的话题，判断其为年轻女性。根据其对生理期的焦虑，判断其为早孕。根据其是否已婚，判断其是否想要这个孩子。于是，可以为其提供个性化的孕产内容，甚至可以根据其进一步的阅读内容、时间和电子商城购物情况，还能判断孩子的出生日期，进而提供下一步的育儿内容和增值服务。提供的这些增值服务可能是第三方电商的产品，这就为知识出版服务机构创造了佣金收入。再比如，如果用户阅读的内容是介绍一部电影，那么不仅可以告诉用户周边正在放映这部电影的电影院，而且还能帮用户直接购买电影票并预订座位。这是一个很大的转变，从信息到服务。其发展目标，是最终实现“连接人与服务”。

因此，大数据技术 + 知识服务，将创造出一种更为智能的个性化服务。通过分析用户的阅读行为、喜好，从而获得用户的需求，提供给每位用户个性化的、专属的知识内容，以及其他消费产品的增值服务。这也许就是出版机构的明天，不管是现在的出版社，还是即将进入内容服务领域的互联网企业。

总之，大数据将推动出版向海量化、个性化、精准化、互动化、用户社区化方向发展，通过数据挖掘和数据关联，实现协同阅读、专题阅读，最终实现为用户提供知识服务。进一步推动出版知识服务以用户为中心，自主、自为、众包发展，运用平台思维、共享思维、扁平思维，通过众联、众创、众筹进行跨界运作，向更为广阔的产业融合方向发展，使得出版、阅读、知识、服务、实体消费等因大数据技术而更为紧密地联系在一起，实现出版业的转型升级。

移动互联网重构出版

随着智能手机、电子阅读器和平板电脑的日益普及，中国移动互联网用户规模已超过 8.28 亿，微信用户数也已达 6 亿，手机淘宝用户（不含天猫）和支付宝用户均破 1 亿，购物人群已占淘宝互联网购物人群的三分之一，成为一个庞大的用户群体。近日，4G 牌照的正式发放，无疑会加大移动互联网的用户数量和应用范围。

移动互联网在蕴藏着无限发展机遇的同时，对传统出版业形成了挑战，并将改变传统出版业格局。

手机成为普及型终端

在电子出版时代和 PC 互联网时代，由于阅读需要专用的阅读设备（电脑）和信息存储设备（软盘、电子记忆卡、CD-ROM 光盘），电子阅读和 PC 阅读都不能取代或对纸书出版产生重大的影响，因为 CD-ROM、PC（包括笔记本电脑）都不可能全天候方便地随身携带，更不能成为公众普及的生活必需品。但是，移动互联网时代，结果会大大不同，普及性的、便宜的阅读设备已经出现，专用存储设备逐渐进入了普及性的设备——手机中。

目前，手机不只是通信工具，更是人们日常工作、学习和居家生活必不可少的生活必需品。手机也不再是专业设备，目前我国手机保有量已达 12.6 亿，成为让每个用户实现随时随地移动阅读的终端。

但是，我们不能用做纸质图书的方式做移动互联网时代的数字出版。移动互联网时代，不是只将纸书内容通过手机、平板电脑发布就够了。出版商需要对移动互联网的特点、用户思维方式和消费行为有较深入的了解，并采取不同的运营对策。也就是说，出版人的思维方式要移动互联网化，才能适应移动互联网重构下的出版业。

用户群组促多方获利

移动互联网时代，用户是谁、分布在哪儿、需求如何，都是明确的。在纸书和PC互联网时代，出版商不知道用户是谁，用户消费习惯如何，要专门通过渠道商或对终端读者进行专门调研，效率很低。但在移动互联网时代，用户的互联网产品要注册才能购买，人名、手机号、微信号都是真实存在的。由于用户是实在的用户，也解决了50%广告费投入浪费的问题。在用户量大或分众用户群组明显时，广告商完全可以低价甚至免费植入广告。由于移动互联网引入了流量的概念，广告商更为看重的不是产品销售，而是流量多少。流量多，意味着用户的反复阅读，提升了品牌影响力。这样，可直接利用第三方付费的广告方式盈利。

志趣需求相近的用户，可形成群组圈子，他们的留言、评论及消费行为也存在于服务器的互动平台及用户行为日志中，有助于出版商发现需求，提供产品，完善产品，满足用户需求。

同时，移动互联网有利于盗版问题的解决。和PC互联网时代，个人用户处于匿名状态，并可随意利用搜索获得阅读内容不同，手机这一移动阅读设备是实名的，盗版问题的影响可在一定程度上减小。移动阅读与产品服务密切结合，用户体验好、服务到位、性价比高，这样用户就不会像PC互联网时代一样，选择只追求阅读内容低性价比的盗版产品，而是更加看重拥有良好用户体验和增值服务的正规产品。

个性定制产品趋向富媒体化

互联网时代，文字、图片、聊天等阅读服务产品更加一体化、碎片化、个性化、可定制，并能做到实时更新。此外，产品也呈现多元化形式：从电子书、富媒体电子书到具有交互式功能的移动应用、动漫作品、手机游戏等。

4G时代，视频观看、下载更加流畅和便宜，也使得手机游戏更加普及，与图文阅读融为一体。纯文本电子书将被边缘化。

同时，阅读产品也会实时生产、实时更新。互联网时代，内容产生更快，生命周期更短，阅读产品要不断考虑用户的体验，不断进行更新。从人员来源来看，出版社的编辑除了策划内容，还要策划用户体验，成为产品开发经理和测试经理。

此外，畅销书的概念将被淡化，畅销系列产品将会出现。以章节形式销售的图书将采用多媒体的方式呈现，因此，图书、期刊、报纸间的区分也将消失。在移动互联网时代，出版社不再是简单的“内容提供商”，而是“体验提供商”和“服务提供商”。

渠道变革带动转型升级

移动互联网时代下的出版产业，批发商、分销商、零售商消失，而是形成“内容商——平台——用户”的最短渠道。这个缩短的渠道，同时还是出版商产品市场调研的渠道。

在平台上，用户可以依据兴趣爱好形成群组，如汽车、IT 数码、母婴、美容、保健等，单纯的产品销售渠道功能减弱，服务功能增加。同时，与纸书离散性的购买不同，互联网时代，细分产品和细分用户直接关联，可以形成连续性的订阅服务。

出版商有了自己产品的准确定位，在此基础上可以自建细分平台，或在大的电商平台上搭建自己的销售门户，服务用户，提高用户掌控能力。这样，可以改变出版商只将纸书的电子文件交与其他平台商，自己远离出版核心，消极被动、处于弱势状态的局面，例如通过订阅移动应用，可实现用户与出版商之间的最短、最佳渠道，从而实现出版产业的转型升级。

自主营销效果更加精准

广告受众即用户读者，用户间形成的群组让内容甚至作者与读者之间无缝对接。通过手机 QQ、微博和微信，出版社与用户可随时随地沟通。营销面对的是真实用户，作者作为用户群组的一员，可直接与读者进行交流与推广。对于大众产品，还能使“作者——读者”间形成“明星——粉丝”的关系。

在移动互联网时代，用户可以参与内容的分享推广。小米手机就是利用互联网“粉丝”的作用，通过营销做大市场的范例。同时，在移动互联网时代，用户不再是读纸书、看网页书的角色，而是对内容、评价有主动权，他们也可以自觉或不自觉地进行自主营销。

通过对内容的意见、对作者的好恶，用户可以与作者及出版商的编辑（产品经理）进行互动交流，与其他用户进行互动交流，这样，好的作品体验就能通过微信等线上方式进行分散性传播，通过客户自发的病毒营销，使产品的营销成为高速度、精确性、高效率的结果，这在非移动互联网时代是难以想象的。

因此，在移动互联网时代，出版业要发挥意见领导的作用，化直接营销为间接营销，单向传播为多中心传播，使营销效果最大化。除了产品销售，还能让作者成为明星，由用户通过平台向作者支付虚拟产品费用，提高出版商的收入，打造明星作者。

大数据让发行人变客服

移动互联网时代下的数字出版，发行部不再销售产品而是进行内容服务，甚至为读者提供一对一的个性化服务，完全化身客服部。如教育出版领域中，背单词的书变为英语学习服务，可自我测试、自我找错、智能组卷，帮助用户大幅度提高成绩。同时，出版商的发行部业务人员，要成为客服专员，通过微信等社交媒体形式，成为某一用户群组的召集人、沟通人。

根据海量出版物数据，针对不同的用户，出版商还能进行个性化、定制化服务，针对不同的人，提供不同的阅读产品及服务，包括增值服务。例如，客服人员从简单的养生保健阅读内容的提供，延伸到读者的身体体质判定，相关专家对保健品的购买咨询，并由专家性作者提供完整解决方案，成为综合性的一对一贴身服务。

同时，积累大量用户信息、产品、阅读行为、消费行为等海量数据，为出版社提供服务奠定了基础。例如，通过数以万计的海量用户，建立读者客户服务数据库，发现其工作、生活、阅读和消费行为，还可以主动进行推送服务，此时，简单的“内容为王”的概念将被颠覆，用户对优质内容的需求没有变，但“内容 + 服务 + 用户体验”才为王。

跨行业融合趋势增强

移动互联网时代，用户的消费行为大多数是通过移动终端实现的，阅读只是其中之一。未来，阅读内容与用户的其他消费行为会融合统一。通过大数据，使数字阅读内容个性化的聚合、筛选，用户信息的挖掘、推送，用户参与内容生产、分享传播，阅读内容跨界，精准化内容传播完全成为可能。

例如，对于餐饮、美容美发、母婴、育儿、家装、购车、保险、疾病、休假、旅游等，移动互联网都可提供对应的内容服务。如对于养生保健应用，可以实时测量血压和脉搏，与养生机构及医院的信息共享和同步。利用全球卫星定位系统、基于位置的服务，与餐饮、娱乐、美容、养生会所等，借助微信、地图、导航等移动应用，通过 O2O（线上到线下）的方式实现互利共赢。此外，通过手机的重力感应功能，也可以开发出其他阅读衍生产品，提供其他增值服务。

总之，4G 移动互联网时代，绝非传统的“用户电脑 + 电商网站 = 付费购书”，而是一个全新产业格局，它将重塑出全新的出版产业业态，改变目前出版商图书产品的策划、开发、生产、营销的流程与功能，全新定位出版商的编辑、作者和读者关系。出版业的华丽转身将不只是产品形态的变化，而且是能深入掌握渠道和用户，从提供产品到提供服务，从文化产品加工制造企业变为互联网服务提供企业，完成传统书业更新升级。

媒体融合出版的运营管理之道

目前，传统出版企业正在从纸质出版走向全媒体、全业务的融合出版发展的道路，如何快速认清形势、找出自身劣势、探索出解决方案，决定着融合的成败。新媒体数字出版，完全解构了传统出版的规则，改变了出版行业的基本规则，从产品形态、运营模式到盈利模式，颠覆了传统出版。我们要适应这种变化，笔者根据多年在传统出版和新媒体网络出版的工作经验和对于新媒体尝试的教训，试图简略探讨一些运营管理的解决之道。

一、新媒体出版的特点和传统出版的不足

1. 新媒体出版有快速、高效的传播方式与用户掌握能力

新媒体出版与传统出版有很大的不同，新媒体是一个很大的范畴，并不是简单的建立个网站、发微博和微信，也不只是想把书刊中内容挑选一部分放在网上，或交给平台商就行了，而必须时时在考虑受众都有什么，受众想要看什么内容，涉及的内容也是多方面的，其中有新闻、社科、科技、教育、人文、生活热点、少儿等等。出版社没有掌握用户，而网络平台经过多年运营，是掌握大量注册用户的。平台商可以通过用户行为分析，主动向网友用户推荐相应的产品，这就是其运营的基础。

2. 传统出版在表现形式方面的弱点与不足

图书、期刊都主要以文字传播为主，作者、编辑、记者只能采取单一的、有限的方式，传播内容要受到版面容量的限制，信息的容量有限，而且缺乏个性化，不能全面满足受众的阅读需要。而且，传统媒体信息传播的过程都是单向的，即出版企业向读者传播信息，没有读者的信息反馈这一环节，读者只能被动地接受信息，缺少参与对信息发表意见的平台。

二、传统出版与数字新媒体出版在经营上的区别

1. 传统出版的核心是产品

对于传统出版工作，纸质图书期刊经营是一种选题策划——稿件加工生产——书刊销售的过程，核心是图书期刊产品，关键是渠道掌控。策划、编辑、印刷和销售完毕，就要进行下一种图书或下一期刊物的策划、编辑、印刷和销售了。出版企业只要源源不断地为渠道提供好书就行了。

而且，出版社是弱品牌的，一家出版企业可以出版多品种的图书产品，定位并不唯一。由于出版社并不完全具有核心产品的内容所有权，只有一定时期的专有出版权，所以，作者可以变更出版企业，出版企业也不会有 IP 开发的概念。同时，公众可以从内容自行判断产品优劣，从多家出版企业购买不同的图书产品。而且，顾客的图书购买行为也基本上是一次性的，不会对某一家出版企业有忠诚度。因此，图书出版几乎没有运营概念。

2. 新媒体数字出版的关键是运营

而与传统出版不同，数字出版，是一种网民的需求建构——平台发布——用户互动——增值服务——迭代开发……的过程，核心是运营，关键是服务。这就是说出版仍然是传统制造业，数字出版是基于互联网的现代服务业的原因。这是出版行业广大从业者要关注和在理念上需要改变的。

出版融合，也即数字出版及媒体融合出版的主体仍然是互联网，其强大的融合力使得基于互联网应用而产生的数字出版一开始就拥有了信息化社会最先进的生产力的基因和强大的生命力。自此，数字新媒体成为了媒体发展方向的代表。出版融合发展方向必然是完全 IP 化，从而导致全网络融合，纸质图书成为媒体产品的一部分，一个子集。用户需求的融合，必然会导致用户的产品和服务需求的融合，从而形成全媒体，进而导致业务融合，从而形成全业务。这就需要我们有运营的概念。

三、传统出版和新媒体融合出版中的运营

1. 媒体出版融合的流程

如何利用管理手段，尽快完成从传统出版到媒体融合出版的转化，就是我们这些出版管理人员需要尽快解决的课题。

传统出版和媒体融合出版同样是生产流程的融合，它们既有相似之处又存在明显的不同。传统媒体行业经过不断的经验积累，早已形成了完整的生产体系，从最初选题的构想，到选题立项，再到实施阶段的选题策划、组稿、编辑、印刷、销售，最终到财务结算、效能评价，这个完整的体系保证了内容信息的传播质量和效率，可以说是非常科学和有效。新媒体出版，则是以用户需求为导向，通过满足基于大数据库的多维度阅读需求，开发整合有效阅读资源，在平台上发布，通过用户行为状态来收集可用数据，为用户提供阅读服务和其他增值服务。新媒体数字化资源都是海量的，不是一本本的，规模化和集成的，通过对资源的碎片化与结构化处理以及知识挖掘等，构建知识的点、链、丛、树和体。新媒体数字资源在开放存取模式下通过协同编纂系统，完成资源的按需定向、定点萃取和立体化编辑。媒体融合出版，在网站平台上，有互联网、移动互联网和物联网支撑，基于全媒体、全介质、全通道、全设备、全装置进行内容信息的传播。并且，根据用户反馈，进行服务迭代。这是一个从用户到用户的完整的闭环。这完全不同于传统出版的选题策划、组稿、编辑加工、印刷、销售的一个线性流程，一个开环流程。而是一个需求建构——平台发布——用户互动——增值服务——迭代开发……的流程。

例如，中国科学技术出版社的“学科发展报告”数据库开发和运营，就是如此。“学科发展报告”不但一次次地对内容进行补充完善，而且呈现形式、UI 界面，都按照用户的要求做了完善。

确定适合数字出版、媒体融合出版流程，就为运营打下了良好基础。

2. 媒体融合中内容产品的运营

首先，要把握用户的需求，采用精心选择的内容，经过认真的编辑加工，通过技术开发，UI 界面美化，打造出优秀数字产品，提供良好的用户体验，为用户创造价值。

其次，要进行用户测试，及时将数字产品在网站上发布，让用户体验阅读，收集内容反馈，进一步改进产品，包括外观界面和内容。

例如，“学科发展报告”及时地进行了内容补充，每年增加 30~40 册的新内容。在 UI 界面上，也按照图书馆机构用户和个人用户的要求，做了修改，以便更适用于大中院校的教师和专业研究人员。

此外，媒体融合出版还要切实保证产品内容管理，不能因噎废食，只追求发展速度和效率而忽略产品内容。

3. 数字出版及媒体融合出版的用户的运营服务

传统出版是先有产品，后进行推广。而且不能精确锁定用户，用户往往是在电商、平台运营商手中。新媒体数字出版必须在每个产品中都倾注全力，打造品牌和影响力。特别是用户口碑，用户形成的口碑，才会直接在用户中传播，影响媒体融合出版的服务传播和消费行为。

在运营媒体融合出版时，必须采用多种方法，如：提供试用阅读品，提供免费下载内容，有奖销售，与其他产品打包销售等等。要学会使用互联网企业获取用户的各种运营方法。

例如，科学普及出版社的果脯网，是该出版社的内容发布平台，需要考虑用户的数量、黏性和活跃程度。果脯网的运营团队，几年来多次搞各种线上线下推广活动，如百度推广、期刊推广、易拉宝推广、用户建议提交、用户征文等，聚积了人气，提高了用户访问量和销售额。

4. 数字出版及媒体融合出版的品牌运营

现代市场经济表明，企业运营需要品牌，而品牌的知名度、美誉度并非朝夕达成，融合发展是大势所趋，在建立品牌过程中传统企业的发展状况各有不同，每一个企业都应根据自身实际情况制定自己的品牌发展战略，采取切实有效的举措，稳步推进。

数字新媒体，要用准确的定位，精确圈定自己的用户，不同出版企业之间，圈定的用户是完全不同的，如少儿、教育、科技、文学等出版企业，要采取不同的策略，打造细分品牌。可以依据自己多年形成的传统图书品牌优势，通过渠道平台，不断强化数字媒体品牌。

品牌建立，要分阶段通过产品内容和服务带动实现，媒体产业链的各个环节需要联动发展。第一阶段，打造和推广其优秀数字产品，提升产品的知名度，形成产品品牌。第二阶段，打造新媒体发布平台。优质产品与品牌将会进一步带动平台的发展，保证企业在很短的时间内在自己的平台上聚集起众多优质内容资源，使得新媒体产品在开发上能与其他企业保持差异性，避免同质化，不断提高美誉度。第三阶段，经过一段时间的稳定前行，企业最终实现产品品牌、平台品牌的综合发展，提高用户的忠诚度。

例如，科学普及出版社不断在用户中树立“全国唯一一家中央级科普出版社”的品牌形象，在科普业内，特别是科协系统内，形成了良好的品牌知名度、美誉度和客户忠诚度，全国的地方科协系统购买科普电子书、科普App、科普数据库和科普视频等，首选科学普及出版社的产品。这正是科普数字出版物与服务品牌形象的表现和效果。

5. 媒体融合出版对编校质量的控制

质量是运营的基础，新媒体数字产品具有覆盖范围广、传播速度快等特点，一旦产品内容出现问题，给社会和出版企业带来的损失是不可估量的。通过必要的流程和手段来规范信息传播内容，确保质量。

融合中的媒体经过不断发展壮大，需要更多的具有良好职业素质的编校人才，日常的业务和导向培训不仅能防微杜渐，减少问题的发生，还能不断提高数字产品的质量。

此外，积极收集用户的意见，从中发现内容错误并进行改进，也是一个重要方法。在互联网时代，用户是产品的评价者、加工者、传播者、消费者。维基百科就是一个很好的例子。媒体出版管理者，要调动用户的积极性，当好生产组织者，而非传统出版时代、工业化纸质出版物时代的生产者。

例如，科学普及出版社除了有一支专业的数字科普出版物审编校加工队伍外，还经常与科普粉丝互动，听取他们的意见和建议，不断迭代更新数字出版物的版本，确保了质量。例如，该社组织开发的“木奇灵”植物科普电子书作品、“阿优”科普动漫系列等，受到用户的好评，累计点击量达到千万级、亿级。

四、结论

综上所述，面对媒体融合出版的时代，必须要认清它与传统出版的区别，强调运营，才能更好地发展。在有运营意识的基础上，加强流程创新，不断做好产品运营、用户运营、品牌运营、质量管理。从这几方面着手，顺应趋势，才能探索出全媒体产业链的整合新的业务模式和管理模式，促进传统出版与新媒体数字出版的融合发展。

原载：《出版参考》2016 年第 11 期

第六部分

国际书展、版权与走出去

博洛尼亚儿童书展引发的思考

博洛尼亚国际儿童书展，是全世界儿童读物一年一度的盛大节日，书展旨在展示世界儿童读物出版的潮流，促进国际版权贸易和协作，发掘新的优秀的儿童读物作家和插图画家，并为全球的儿童读物的出版商、作家、插图画家、代理商、发行商、印刷商、销售商和图书馆工作人员提供直接见面和沟通的机会。

第 47 届博洛尼亚童书展参展商不仅规模大而且人数多，在金融危机之后，仍然有 1200 多家参展商出席，显示其受重视程度。我们此次出行参展，不仅希望寻找适合的版权项目进行出版，也希望通过书展扩展出版思路和视野，促进科技出版社儿童书出版的发展，从而取得更好的社会效益和市场效益。

整个博洛尼亚书展，在很多方面给笔者留下了深刻的印象，并引发了一些思考。

建立良好的文化产业发展机制

在书展的参观过程中，我们深切地感受到了欧美发达国家文化产业的繁荣和兴旺。在展会的现场，许多大型出版集团的展位前都排着长长的队伍，他们一般都是插画家或者童书作家，希望借助出版商的包装推广，使自己的产品得到认可，实现其价值。由此看来，书展不仅是出版商和版权中介机构的盛会，更是童书作家和插画家的盛会，来自世界各地的作家和插画家都在这个舞台上推销自己的产品和创意，通过和出版商的合作，把精神产品最终物化为图书，使双方都能取得社会效益和经济效益。

在图书产品的成本中，文字作者和插画作者的稿费在图书成本中占有很大比例，因为图书作为文化产品，创意性越强的产品其附加的价值就越大。而在很多时候，恰恰是这种高成本阻碍了图书的出版而无法实现其价值。在文化产业发展较为成熟的一些发达国家，他们是通过多国别、多语言的图书版权输出来实现和提高其价值的。譬如在童书出版过程中，文字作者和插画作者的著作权使用费是很高的，而激烈的市场竞争使得单本图书的销量有限。这种情况下，通过国际版权市场的推广，实现多国别和多语种的版权输出，就能在更广阔的区域、最大化地实现图书的价值。

在这个过程中，有两个环节至关重要。第一，建立著作权人和出版商之间的合理的责权利关系。出版商应取得作品在一定范围内的控制权，这样才有可能，也有动力去推广作品，而且著作权人也有权利获得相应的报酬。第二，建立完善的版权输出机制。这一机制的建立，有赖于政府主管部门、行业协会、出版商等多方的参与和努力。

欧洲儿童图书的主流趋势

大批高质量的图画书。在博洛尼亚书展，能看到许多的彩色绘本、图画书，另外，在文学类和阅读类图书中，彩色插图版也占有很大比例。绘本和彩图版在童书中占有如此大的比例，这是欧美童书与我国童书出版的一个十分明显的区别。而且在欧美图书市场上，图画质量较高，十分精细，对细节的关注和表达十分到位，即使一本普通的学前儿童的图书，也不会放过图画中的任何一个细节。图书普遍色彩明亮、用纸考究、印刷精美、装订细致，图书的整体质量较高。

精品百科图书。欧美童书总体可分为：童话故事、绘本、百科、认知学习、动手活动、小说类。其中，百科图书在欧美的图书市场上占有很大份额。百科图书一般绘图精细，细节表达清晰，有很强的教育和理性色彩，主题一般涉及自然、生物、人文历史、人体、社会生活、认知等方面。图书力求美丽而能打动人，很少有说教和灌输的色彩。

顺应儿童身心发展的教育和出版理念。欧美图书在文学、图画类图书方面（包括绘本和百科等方面）表现较为突出。在自由创作的领域，文字的自由发挥和图画的想象发挥方面很到位。最后成书的特点：书比较自然，符合一些儿童的需求和感受，而人为赋予的因素少很多。与我国相比，图书成体系的系统性和科学性稍差。这种符合儿童天性、自然的图书也是一种特色，国内出版企业在出版一些比较有特色、单本的图书时也可以考虑尽量发挥一些特色的元素，而不是把所有的图书都用严格的功能性和统一性固定死，可以在图书的后期封面、版式设计、装帧形式等方面多发挥一些特色来吸引读者眼球。

原载:《出版参考》2010 年第 18 期

2014年法兰克福书展小记

友丰书店的经验告诉我们，传播中华文化与商业经营不是对立的，二者是可以兼顾的，要发现其需求，提供其需要的产品和服务。不能一提文化传播，就是烧钱，就是公益。

一、图书出版与版权交易

2014年度法兰克福书展在开展五天后落下帷幕，100多个国家和地区的7000多家出版社的30多万种图书在此展出，3万多专业观众参加了这一盛会，达成版权交易合同或意向众多，取得成果颇丰。

本次法兰克福书展，有几大特点：

第一，参展出版社众多。据有关数据，本次书展共有7000多家出版机构参展。世界各大出版商齐聚展会，例如，企鹅出版集团公司、兰登书屋、DK出版公司、施普林格出版公司、里德－爱思唯尔出版公司、塔斯曼出版集团公司，等等，大社云集。展示的图书品种丰富，人员来往川流不息，图书出版产业没有一点“夕阳产业”的迹象，场面热闹，人员十分活跃，让人觉得兴奋，充满向上的干劲儿。与国内某些会展当天开门红，第二天即门可罗雀，工作人员无精打采的情形相比，不可同日而语。

第二，各种讲座、报告会丰富多彩。除了展出图书，会场还举行了近4000场活动，如各种讲座、报告会、大型论坛、小型沙龙等，如“蓝沙发”“HOT SPOT”热点现场交流等。围绕数字出版、教育出版、开放存取等，就有多场讲座报告会。例如，“开放访问，谁更有权利?”“数字出版的未来趋势是什么?”“基于云的出版解决方案”“建立交互的儿童图书馆”“远程编辑工作流程系统”“电子书的元数据工作流程”“杂志的移动阅读体验的重定义”“数字内容的版权正确定义和保护”“数字革新”等等。许多讲座是用英语的，少数是用德语的。

这些讲座和报告会，吸引不少参展人员驻足聆听，不时还提问互动交流观点。

第三，版权交易火爆，像DK、爱思唯尔等出版公司，如果没有预约，根本不能进行洽谈，他们展位的座位一直是满的。笔者所在单位的版权人员，从第一天一直忙到最后一天，版权洽谈的安排也是满满的，就连午饭都只能在匆忙中啃一个面包喝点矿泉水将就。

第四，书展形式趣味盎然。在大众出版展位，还设了一个室内厨房，演示烹饪，为书展上的烹饪图书做宣传展示。

某公司为了配合相关图书的宣传，还在展位上专门放了一台全新的保时捷小汽车。

第五，软件硬件环境整体不错。例如，法兰克福书展设置了许多无线上网区域，为各位参展商提供免费 WIFI 信号，在这些区域中免费享受上网服务。但是，无线网络信号无法承载大规模数据传输，仅限于收发邮件或者浏览网页。

另外，书展安保管理工作也很好。在场馆内，不时出现警察的身影。8号馆入口处，还专门有安保人员检查参展人员携带入内的箱包。

这次展会表明，即使在世界经济和纸质图书出版整体发展环境并不乐观的情况下，法兰克福书展仍然为广大业内人士提供了极为优质的交流和交易平台。百国千家出版社万种优秀图书展出，版权交易踊跃，表明纸书出版依然充满生机活力。

二、数字出版

当前，国内数字出版经过概念期、观望期，进入了一个根据各自情况小步稳妥尝试的平台期，国外情况又如何呢?

我们在 2014 年法兰克福展会看到的另一番景象，可以用两个字来概括：务实。

在书展上，除了纸质图书展出外，数字出版也十分活跃。

出版社、技术提供商、平台商、硬件终端制造商纷纷设展，包括大众出版、教育出版、专业出版、按需出版、复合出版、技术解决方案等，并举行各种讲座和推介活动。

总的来说，2014 年法兰克福数字出版表现为多元化（绝非国内通过平台商和运营商卖原版原式电子书）、操作务实性（商业为导向）、全产业链性（研发、制作、销售）、分工专业化（内容商、技术商、平台商、终端设备商等上中下游厂商各司其职，产业链相对规范）等几个特点，单纯地卖内容或卖硬件终端，都起不到很好的效果。

在数字出版方面，我们的体会如下：

第一，从展会上看，数字出版的纯硬件终端商如 NOOK、TOLINO 等，虽然宣传卖力，但效果并不佳。与业内人士交流均认为，随着智能手机的日渐普及，不会有太多的人购买专门的阅读器。

第二，数字出版扎实稳步发展，将内容碎片化、结构化，进行 XML，形成元数据进行标引，通过数据挖掘、数据关联，对专业读者实现知识服务，满足各类专业人员的阅读查询等研究需求。

第三，数字教育出版十分活跃，有各种解决方案，如电子书包、电子教室、电子黑板、课件库和题库等数字化产品，有内容海量、个性化定制、交互式、体验式的特点，通过与教育渠道合作，实现了盈利。它有明确的盈利模式：B2B，教育机构为其买单。

第四，数字出版的大众出版产品较多，如富媒体、交互式等，对于出版社来说，纯电子书及 App 开发投入较大，仍然没有找到很好的盈利模式。只有与纸书配合，进行复合出版，如书中嵌有二维码或手机可接受的链接，播放视频，成为增值服务，才可能获取收入。

第五，从眼花缭乱的数字出版产品，到各种数字出版解决方案，其中全产业链商业模式和运营很重要，也越来越成熟。

单纯转换媒体终端的原版原式电子书，由于价格过低，还要分成，只有利于平台商。所以，即使在知识产权保护成熟的欧美国家，也已经失去了商业模式，被出版社淘汰。出版社一定要走对原有图书内容进行深加工，提高内容附加值的路子。

第六，从运营上看，不论是什么类型的数字出版，出版社都要掌控自己的读者，最好是建立或共建平台，以便管理好潜在的和实际的用户读者，为其提供服务，从目标读者出发，进入其 SNS 群组，了解其需求，开发针对性数字产品。把先有产品后销售的 B2C 模式，转化为从读者出发，满足其多样化的需求，开发出数字阅读产品的 C2B 模式。而且，要定位明确，内容优质，全球销售数字产品。

第七，类似谷歌 GOOGLE PLAY 那样的集书、报刊、文字、图片、音乐、动漫、网游为一体的综合性阅读娱乐平台，虽然收入较高，但出版社基于自身情况所限，没有能力建设和维护。

三、出版社经营管理

10 月 13 日，法兰克福书展参观团访问了友丰书店（友丰出版社），类似于我们的三联书店，不只零售图书，也编辑出版批发图书。

友丰书店（友丰出版社）位于巴黎市中心，门面不是很大，主要是销售介绍中国传统文化的读物，如中文版的中国文史哲读物，学中文的法文图书，以及学法文的中文图书等几类。例如介绍阴阳五行、太极拳、烹饪、养生保健、针灸推拿、武术、书法、风水的图书以及四大名著等。

我们感觉到：

第一，人员精干，一专多能，工作效率很高。该店是社店一体，每年出版发行六七十种图书，零售近千种图书。全店（社）只有 9 名员工，老板负责选题总策划，编辑兼营销文案，印务外包，行政人事文员财务功能集中，发行人员精干，没有总编室和办公室等机构。

第二，根据市场变化，改变销售方式。该书店经营者也谈到了网上书店对于地面店的冲击。该店（社）根据市场环境变化，也开设了自己的网店。

第三，准确定位。该店的主要顾客，都是有较高文化修养，喜欢中华文化的法国人。

第四，坚守。该书店经营者承认，如果单纯谈赚钱，做图书远不如其他行业，如餐饮、百货、旅游等，做书店最大的动力是爱好，挣钱虽然少，也乐于去做，如果不做了，就少了一家销售中华文化相关的书店，就会有更多二代、三代华人失去接触中华文化的机会。他的话很朴实，没有什么大道理，但却十分动人。

第五，以图书为中心的多种经营模式。该店除了经营图书，还搞混业经营，将图书销售与中医、养生保健培训结合起来，由此吸引读者，分享教育培训收入。

友丰书店为传播中华传统文化做出了自己的努力，被原国家新闻出版总署授予“中华图书特别贡献奖”的荣誉证书。

友丰书店的经验告诉我们，传播中华文化与商业经营不是对立的，二者是可以兼顾的，要发现其需求，提供其需要的产品和服务。不能一提文化传播，就是烧钱，就是公益。

多管齐下，做好中医图书版权贸易工作

随着现代医学的“对抗式”“单纯生物医学”模式缺点的不断显现，中国传统医学整体养生保健和手法调理的理念不断被接受，其简、便、廉、无或少副作用的优点，也使得中医药被不少西方人所使用，中国传统文化随着传统技艺“走出去”有了实质性的变化。中医药已被美国等国家以“替代医学”的方式接纳，目前，北美、欧洲、澳大利亚、日本、韩国等地，均有专业的针灸推拿诊所、中医药销售中心、中医药学校甚至专业的中医出版社。由此，中医药图书“走出去”工作不断受到国内各出版社领导的重视。

但是，怎样才能更好地实现中医药图书“走出去”的目标？笔者谈谈自己的一些看法。

一、主动出击

在西方强势主流科技经济背景下，中医药图书的版权贸易必须主动出击。因此，我们需要参加在中国内地和海外的各类图书展览，扩大自己的合作对象和合作方式。出版社除了积极参加版权贸易会，设置专门的中医药图书展位，陈列中医药图书版权材料由其索取外，还要主动寻求海外出版商的展位和人员，向其提供自己的相关图书目录等材料，做到双向互动推介。例如，北京科学技术出版社的《周易与中医学》《中医运气学》《杨力养生 23 讲》《一针灵》等，就是这样输出版权的，包括英文版和韩文版。

目前，国内出版社已经和美国、法国、英国、日本、韩国等国，以及中国香港和台湾地区的中医专业出版社合作，累计向海外输出各类版权多种，其中大部分是中医中药图书，如《家庭实用补药图册》《改变癌状态》《走近中药——六味地黄丸》《中国农历养生法》和《全彩图解 1500 小偏方》等。

二、设置专业化的人员或专门机构

主动出击是必要的，但如果人才不合适，效果会大打折扣。

当前，随着海外的图书展览越来越多，开放的程度也越来越高，国内很多科技类出版社都想设立或已经有了版权机构，但人员情况不同，有的是外语系毕业，有的是中医专业毕业；有的在总编室，有的在专门的版权部。这些机构对人员的要求很高，既要懂中医，又要懂英语，还要懂图书出版交易，所以，对外从事中医图书出版活动需要专业化、复合型的人才。

从人员上看，出版社可以招聘中医药大学毕业的硕士或博士，努力将其培养为中医药图书版权贸易人才。他们的中医学基本功扎实，外语较好，安排其当两年编辑，熟悉图书和市场后，经过实践，可以顺利地做版权贸易工作。

如果本社中医药类版权书种类和内容丰富，可以设立专门的版权机构，并由不同的人员（专人）负责外联、合同、海外中医药图书市场调研等工作。由这些人员组成专门的对外中医图书出版部。例如，人民卫生出版社有专业专门负责对外中医图书出版部。各家出版社可以根据自己的特点，有选择、有计划地出版。

中医图书版权贸易人员需要相对固定，以熟悉业务，维系和巩固人脉。版权贸易人员要定期出国学习交流，参加国际书展和版权业务经验交流会，以对相关业务和进展进行充分了解，做到心中有数，从而实现最佳效果。

三、利用互联网手段

互联网是宣传出版社形象和图书产品的渠道，是效率高、成本低的版权贸易手段。

通过将本社的中医药图书译成英文放在网上，就能吸引到一大批有意愿购买中医药图书版权的合作伙伴。这些对中医药图书感兴趣的出版商，会通过谷歌、雅虎、微软的 Bing 等搜索引擎，主动查找相关的关键词。如果在网站建立时，将一些关键词列入网页的 Keyword，就便于海外出版商发现自己社的相关图书，从而成为合作伙伴。

例如，北京科学技术出版社在 2009 年改版建立贝壳阅读网的过程中，就专门加入了一个英文频道，提供丰富的中医药对外版权图书信息。网页上有丰富的图片、文字等内容，包括内容简介、作者简介、目录、开本、字数等相关信息。在与网站开发单位合作时，就要求其对网站和网页进行了技术处理，包括关键词优化等，做了搜索引擎优化工作，使更多的海外用户能尽快地访问到其网站。结果十分理想，贝壳阅读网有近 9% 的用户来自海外。包括日本的用户，也是使用英文来查找相关资料的，这表明英文网页的用户不限于英美。在此基础上，通过网站及编辑人员的努力，北京科学技术出版社推销出去了《韦以宗论脊柱亚健康与疾病防治》和《御医——历代宫廷御医档案揭秘》的海外版权，效果很好。

网站上，除了提供中医药图书信息，还可以放一些电子图书样张，这样更能吸引海外客户，有助于其选择这些图书。

原载：《出版参考》2010 年第 17 期

数字时代的版权新情况

随着数字技术的发展，版权保护成了热门话题。从版权保护的一般情况，到版权保护的适当力度，以及对版权法规的具体问题的讨论等，不一而足。其实，纸书出版，也经历了这一过程。

纸质图书出版与版权情况

图书出版商业化后，随着作者权益保护意识的提高，才有了现代版权的概念。作者要将专有出版权在一定时间内赋予出版社，除了署名外，还要获取一定的稿费收入，收入可一次性买断、按字数计费或者抽取图书销售码洋的百分比。对于出版社来说，必须先签合同，之后才能出版和发行（复制和销售）图书。这就是“先授权，后使用”。

版权赋予创作者对作品的专有权利，也就是知识产权。版权产业里有些中间商是版权的拥有者（例如出版社和唱片公司）。

数字出版时代复制技术带来的版权新情况

有了数字出版，不一定经过中间出版商。像美国经纪人威利和亚马逊合作，直接通过 Kindle 复制发行电子读物，作者就能拿到 80% 的版税。这样传统出版社的很多环节都被省略了，作者能获得更高的报酬。

同样，如果作者不用 Kindle 的格式，找另一家数字商用 epub 格式或 PDF 格式再出版，就能降低版税价格，增加销量，让作者和读者双受益。这与纸书显然不同，印刷纸书是统一的，会影响市场，但数字图书则不是，不一定使用传统纸质书的版权标准和运行方式。

这个时候，如果版权管理维持老样子，则会出现很多问题，甚至会影响行业的正常发展。一方面，版权保护制度产生管理和执法成本，这种成本被视为“无谓的损失”，某些与版权保护有关的成本随着版权定义严格程度的提高而增加。另一方面，合理的版权保护是有限度的，这与版权保护中的例外和限制有关。版权不能影响传播，二者要兼顾。

基于 B2C 市场的版权变化情况

保护著作权，关键是要与出版的实际运作联系起来考虑，要保证数字出版的健康发展，保证著作权人的权益。复制技术突飞猛进，版权产业在过去十年里变化很大，有必要重新审视早年关于版权的一些研究结论，厘清作品创作、出版、复制、传播、销售间的关系。对于海量信息集成的碎片化阅读，创作者、集成者、传播者、销售者之间，不再是一种线性关系，而是非线性关系，甚至互相交织，形成网状关系。谁是出版的中心环节都不像传统纸质出版那样清晰，Web2.0 时代，作者也会是传播者，读者也会是作者、传播者。

在此情况下，浅阅读、碎片阅读盛行，还要实现“先授权后出版”，通过书面授权，可能会出现很多问题，如基于 3G 互动手机短信创作（段子）、微博的图书，多人微型手机小说，若要集成和大规模组合定制，都会出现操作手续和时间上的问题。基于 BBS 的传播如果是原创的，如果不出纸书而出维基数字互动书（刊），也会出现问题。笔者认为，碎片内容，也应付费使用，可以在使用后统一付款，转到某个机构，由其汇总，统一发放。

总之，版权为创意性作品的创作提供激励，没有这种激励，创作就不会达到社会需求的水平。版权保护是必需的，但在复制技术发生重大变化的今天，是否先授权或是否独家专有授权，是一个应加以研究讨论的问题。

原载：《出版参考》2010 年

数字出版“走出去”的五道法门

出版业“走出去”，向世界传播优秀的中华文化，是出版者的一项神圣责任。近年来，在主管部门的推动下，一大批图书走出国门，深受海外读者的喜欢，扭转了版权交易的逆差局面，传播了中华文化。不过，纸质图书只是出版的一种方式，数字媒体出版物发展迅速，已成功“走出去”，是我国的文化产品走入国际市场的重要载体形式。

一、数字出版物的影响不断扩大，“走出去”恰逢其时

近年来，随着科学技术的迅猛发展，数字出版物从无到有、从弱到强，占据了较大的用户份额。2007 年，亚马逊推出了电子阅读器 Kindle，读者可通过 Kindle 下载并阅读电子书。数据显示，到 2010 年 7 月，电子书的销售额已超过精装书，6 个月后又超过平装书，一跃成为亚马逊（中国）网站最受欢迎的图书形式。苹果公司于 2010 年正式推出 iPad，作为 iPad 核心应用的 iBook Store 随之上线，在 iPad 销量 28 天突破 100 万之际，iBook Store 上的图书购买量也成功突破 150 万册。日本电子书市场也发展迅速，索尼推出的阅读器 Reader 称“文库本的大小可容纳 1400 册图书”，读者可以用电脑连接索尼公司的网上书店“Reader Store”并下载。电信公司 KDDI 的阅读器 Biblio Leaf SP02 能存储约 3000 册图书。日本大型网络购物公司乐天集团已从 2012 年 7 月 19 日开始发售电子书终端 Kobo Touch 和配送电子书。日本各大出版社先后祭出法宝，积极转型已成共识。例如，角川集团下属的 10 个出版品牌，都将有图书电子版上传到平台，包括 Ascii Media Works 的轻小说、角川 Marketing 的杂志、角川书店的文艺书和漫画、中经出版的实用类图书、新人物往来社的历史图书等。法国、德国、韩国等国的电子书市场也在发展之中，数字化阅读的影响越来越大。

在这种情况下，我国政府有关部门对数字出版物“走出去”也给予了较

大支持。国务院新闻办公室负责人在“中国图书对外推广计划”外国专家座谈会上表示，在“十二五”开局之年，“中国图书对外推广计划”和“中国文化著作翻译出版工程”已制定新的发展战略和目标。到“十二五”末，两个工程资助的“走出去”图书数量将实现翻一番目标，将加大对发达国家、周边国家的版权输出和合作出版力度，拓展对发展中国家的版权输出和合作出版；重点资助反映当代中国的项目；在扶持纸质项目的同时，加强对数字出版产品的支持，更加有力地推动中国图书“走出去”。新闻出版总署科技与数字出版司负责人也指出，基于国家发展战略的需要，中国的出版机构必须紧跟数字和信息化时代的发展趋势，加速数字出版“走出去”的步伐，充分发挥新闻出版骨干企业和技术服务企业在“走出去”中的桥头堡作用，全面梳理对外业务发展模式，探索建立稳定有效的商业模式。

因此，不论从市场发展角度，还是从政府推动角度，我国的数字出版“走出去”都恰逢其时。出版社可根据自己的情况，选择不同的方式，让优秀内容以“数字出版”的形式“走出去”。

二、通过与海外出版商合作，让数字出版物“走出去”

本土出版社不一定都有海外分社，为了“走出去”，与国外出版商合作是一个方式。而且要尽早动手，在成书出版之前，就可以与海外出版商联系，达到合作意向，同步开发纸书和数字出版物，这样可以提高工作效率。例如，2012 年科学普及出版社就策划了一套《“中国古老文化探秘”丛书》，包括“百工之人”“远古部落”“古乐流长”“民俗神韵”四部。该套丛书不仅图文并茂，其作者还提供了大量的音频和视频等珍贵资料，旨在让国人了解中华文化的绚丽多彩，让世界领悟中华文化的多元和包容。“百工之人”分册精选在中国流传千年的传统手工艺上，淋漓尽致地展现了中国传统手工艺的精髓；“远古部落”分册以生活在中华大地的民族部落为载体，向国内外民众宣传中国的多民族文化；“古乐流长”分册精选百余件古乐器，为读者还原了中国历代精美乐器的制作过程；“民俗神韵”分册从 1000 多项非物质文化遗产中精选最具中国文化特色的项目，通过形神兼备的描绘展示民俗非物质文化遗产，文化价值极高。

科学普及出版社据此认为，通过抢救性地采集、整理濒危传统文化、传统工艺和传统民乐，以保护我国相应领域的传统文化遗产；同时还要积极响应国家文化产品“走出去”战略，通过输出版权向世界展示中华民族古老文化的瑰丽多姿和博大包容情怀，扩大中华文化的国际传播力和影响力。为此，该社与英国DK公司和坎普迪出版公司、美国牛津出版社等国际主流出版机构联系洽谈，各方表示了极大的兴趣，英国DK公司与该出版社达成国际版权合作意向。这套丛书还同步开发数字出版物，以CD和DVD-ROM为载体，其中除了文字，还包括更多的动画、图片、音频和视频。出版社不但要让该套丛书“走出去”，发行图书的英文纸质版，并且还将通过与国外出版商合作的方式，在国外出版发行数字出版物，以多种媒体的方式更直观地向海外世界传递中华文化，做到“一虾两吃”，覆盖年龄和文化程度不同的更多人群。

三、通过与渠道商合作，让数字出版物“走出去”

苹果、亚马逊都是巨无霸式的电商平台，也是著名的数字产品渠道商，但中国出版物“走出去”还需要一些专业的渠道平台。世界三大数字图书馆平台之一的英捷特全球数字图书馆平台，覆盖170多个国家，拥有25000多家图书馆和机构用户，同时提供涵盖250多家各类学术科技出版商的16000多种电子期刊和出版物，超过500万篇各类期刊文章的数字内容，可帮助中国的出版企业获得宝贵的国际市场和用户。2011年，数字出版领军企业北京中文在线数字出版股份有限公司（以下简称“中文在线”）与英捷特全球数字图书馆平台共同签署了“海外数字图书馆”项目合作协议。中文在线的版权资源和服务平台将与英捷特全球数字图书馆平台实现对接，中文在线的数字内容将通过英捷特平台实现在25000家海外图书馆的可见和可售。出版社也可以通过这个渠道，使自己的数字图书“走出去”。

一些出版社在此方面进行了探索，取得了不错的成绩，值得我们借鉴。例如，外国语教学与研究出版社（以下简称“外研社”）通过iPad、iPhone等移动终端的国际化销售渠道，开拓国际市场，让自己的数字化图书产品“走出去”，直接面对国际用户。近三年来，外研社利用自身内容资源自主开发或合作开发的大量电子书和教育类App产品，已进入了国际市场，赢得海外用户的支持。外研社还与亚马逊等平台签订了战略合作协议，不但让自己的图书内容在Kindle阅读器进行推广，还利用跨国界的亚马逊网络平台推广数字图书。通过与渠道商的合作，外研社目前已有100多种汉语图书以电子书形式输出海外，产品进入包括美国、英国等国家在内的英语国家，实现了图书产品的国际化，取得了较好的经济效益和社会效益。

除了苹果和亚马逊这些大的渠道商，国外还有一些中小型渠道商，我国的出版社与它们进行合作，也可以促使我们的图书以数字产品的形式走向世界。例如，2010 年，由苏青社长牵头，科普出版社经过多次商谈与美国磐石公司签订了合作协议，将该社的出版物电子版通过美国磐石公司的发行渠道在北美地区宣传和发行。磐石公司拥有自己的数字媒体发行渠道，还与美国苹果电脑公司合作，将 iPad 和 iPhone 这一新载体作为传播媒介，宣传推广和销售已出版科技类图书的数字版。这是科普出版社首次与国外公司签订协议销售数字出版物。迄今为止，科普出版社已经有《学科发展报告》117 个品种、金融和医学图书近 20 个品种放在苹果的媒介网店上。经统计，2011 年，通过磐石公司网站浏览科普社图书 6000 余人次，通过苹果的媒介网店上浏览量为 2000 人次，下载数字图书若干本。

目前，科普出版社正在与美国磐石公司商谈，采用 Adobe 公司的最新技术，使电子图书形式更加新颖和美观。下一步，科普出版社还将系统地上传更多的科技类图书到苹果的媒介网店上，为海外读者提供更为丰富的科技科普图书信息，以通过数字化新媒体的方式传播图书内容，同时也有助于促进纸质图书的版权输出，让优秀图书以各种形式“走出去”。

四、通过与技术商合作，将图书数字化走向海外

一些技术商也有着较大的渠道能力，因为技术商也要推广自己的技术产品，而且它们在数字出版产业尚未成熟的情况下，为了使出版社看到前途，往往先要亲自做发行渠道。例如，方正阿帕比公司在身为技术商的同时，开拓了数字出版物的发行渠道，以 B2B 的方式，将数字化的图书发行到各个图书馆等网点。利用这个机会，北京科学技术出版社与方正阿帕比公司合作，利用数字技术将出版的 245 种纸质图书数字化，并放入“中华数字书苑”电子书库。

国礼“中华数字书苑”内置 20 万种电子书，涉及中国政治、经济、历史、教育、科技、文化、艺术等各个领域，将中华文明的深邃与中国科技的进步融为一体，折射出了历史的变迁和时代的发展。与传统出版相比，伴随信息技术的发展而兴起的数字出版具有在线阅读、实时交流等快捷方便的优

势。更为重要的是，作为文化交流的新使者，数字出版能够在较短时间内为用户大容量地聚合某一个或某几个领域的优秀内容，为国外广大的网友奉献一道道精美的“文化大餐”，传播优秀的中华科技和文化。

五、出版社直接操盘，让数字出版物“走出去”

借助出版商、渠道商、技术商等外力做数字出版“走出去”，毕竟不如自己直接做效果好。如果有能力，出版社完全可以独自进行数字出版物的“走出去”尝试工作。

例如，外研社正在着力打造一个综合性的国际语言文化交互平台，结合社内内容管理平台、协同式翻译平台、学术出版平台及悠游网等不同功能数据库的支持，该平台将形成集汉语 / 外语学习、信息服务、线上培训、图书销售、数字产品网上发布、在线社区等功能于一体的面向国际市场的大型中国内容门户网站。目前平台处于一期内测阶段。有了这一平台，再通过海外形成的营销网络，辅以灵活稳健的资本运作以及线下出版、培训服务的呼应，外研社将最终实现跨平台发展，形成一个覆盖海内外用户的立体化教育服务体系。外研社数字出版“走出去”及海外战略的宏伟蓝图是，力争在 5 年左右的时间内完成整体数字化出版体系的搭建，建设“国际多语言公共服务平台”，为国际市场提供整套的汉语和外语教育集成服务与解决方案（语言培训 + 数字化出版 + 信息服务），成为“国际市场专业化、数字化的中国内容的权威提供者”。

类似的例子还有北京语言大学出版社。该社从 2007 年起就把版权输出的重点转移到电子网络版权和电视播放权输出上。他们充分利用学校资源，实现校内资源整合，打造网络汉语教育平台，并实现对外汉语教材数字出版。世界各地的学生通过网络付费，可以轻松下载学习汉语教学资料。该社还打造了国际最大的对外汉语教学资源库，利用本社 1700 种图书内容建立资源库，让对外汉语教学产品实现了国际化，建立了立体化的对外汉语教育的世界品牌。这种做法，也值得其他出版社借鉴。

原载：《出版广角》2012 年第 9 期

访问法国巴亚出版集团的收获与启示

今年 3 月底，我们对法国巴亚出版集团（Bayard Group）进行了访问，双方就出版和版权业务方面的重要问题进行了热烈交流，包括图书版权合作、图书营销、数字出版等。

1. 巴亚出版集团出版基本情况分析

巴亚出版集团已有 140 年的历史，目前有员工 800 多人，业务范围分为传媒、图书出版、互联网三大块。

巴亚出版集团的图书出版范围涉及少年、儿童、文化和宗教等多个方面，还有杂志、网络、动画片等，在儿童、少年图书出版，特别是自然、科普读物等出版领域占有领先地位。

巴亚出版集团在 41 个国家和地区出版有 150 种杂志，如“巴亚”（Bayard）和“米兰”（Milan）、“托比尔”（Tourbill@h）等，每年出版图书近 4000 种，在世界范围内拥有 3600 万读者和 630 万杂志订户。

巴亚出版集团重视高新技术在传媒中的应用，是互联网出版的开拓者，前后开通了 100 多个互联网站点，比较著名的有“巴亚儿童”（www.bayard-kids.com）。其独特的内容，丰富的表现形式吸引了儿童的在线阅读，以致一些家长害怕影响学习而限制其上网时间。

巴亚出版集团有音像事业部，制作儿童动画片在电视台播出，比较著名的有 Sam，Ariol，Toto，Passiflore，Madarin & Cie 等。

巴亚集团聚拢了大批优秀儿童作家、画家和摄影家，制作出精美而深受父母和小朋友喜爱的儿童杂志、图书和动画片，小熊当当、小猫桑桑、小猴波皮都是巴亚出版集团塑造的法国甚至欧洲儿童耳熟能详的著名形象。

在整体运营管理上，出版集团对这些动画形象的塑造，是下了功夫的，是通过长期的策划和宣传打造出来的。现在，是这些动画形象回报的季节，但当初的投入也是比较大的。做项目是整个集团的工作，是战略行为，不是要求事业部马上见到利润。

2. 巴亚出版集团的童书市场营销概况

巴亚出版集团在市场营销方面很有经验，手法多样且使用娴熟，相关资源掌控全面。

第一，巴亚出版集团利用自身的多种畅销杂志，构筑起强大的营销推广平台，大力宣传本社的各种图书。这样，把发布媒体控制在自己的手里，时段、版面都自己说了算，这能控制成本，保证宣传推广的效果。

第二，巴亚出版集团的一个做法，并不针对某一图书产品进行宣传，而是针对某一系列图书进行宣传，这一系列有个响当当的名字，先打造这个系列名字，对其进行充分的宣传，使读者对这个名字系列的产品感兴趣，这样，整个系列书都会有好的宣传效果。这就降低了整个系列书的宣传成本。例如，YOUPI 系列，就是其打造的一个图书系列，构成了一个百科丛书，有交通、动物、机械、自然等多个系列图书。

第三，在书店和超市等卖场进行促销活动。这是常规做法，但效果较为明显，可直接拉动销售。但此类活动，不宜太频繁，以免顾客过于期待促销，影响专场的正常销售活动。

3. 巴亚出版集团的电子图书和数字出版情况

巴亚出版集团高度关注数字出版，但目前没有进入电子书出版领域，因为市场不成熟，目前销售电子书不现实。让用户注册付费阅读，效果并不理想。因此，该社的互联网站点主要对本集团图书、杂志、动漫作品起宣传推广作用，通过网站丰富的资讯为图书杂志出版提供宣传服务和部分广告收入，进行运营。

巴亚出版集团对数字出版充满希望，认为科技必然推动出版业务的最大化，而至于以什么方式进行数字出版，是付费下载阅读，还是其他形式，需要根据技术和市场的发展进行探索。

下面介绍一下对我国出版社图书出版的启发。

1. 在图书选题和板块建设方面

出版儿童文学类图书，必须突破自身方方面面的禁锢。

儿童文学类图书在整个童书的系统中占有很大分量，而原创图书需要形象产品的拉动，否则，只能是门槛不高，容易被模仿的益智类图书。尽管有困难与不利，我们还是应该勇敢地承担起这个困难和责任，为自己在儿童图书出版领域再开拓一片广阔的天地，如出版类似 Sam、Toto 那样在当地家喻户晓的卡通形象。

出版社的儿童文学类图书出版要策略性地集中在特色、系列和规模的出版上，着重于选题的特色和策划的定位上。对于一个中型的出版社来说，图书出版的特色和定位才是生存竞争之道，是我们在市场上的核心竞争力。任何市场经济体系中的中小型参与者，其产品的特色、细分市场的选择、策略性的竞争都是严格的生存之道。

2. 在图书的产品包装策划方面

从参加书展引申而来，我们对儿童图书的包装策划定位有了一些想法。目前出版社出版的儿童图书，可以简化地分为：功能实用性知识图书和非功能消遣性图书。前者是树叶，后者是花，前者更突出功能性、实用性、内容丰富性；后者则突出特色、创新。这种分类可以先不讨论二者的比例问题，而是从图书的策划、市场定位上考虑，前者要求更加实用，体现功能、体现作用，要突出性价比，更多考虑读者对内容价值的判断以及与图书价格的关系。后者则需要做得更美更特色一些，多做宣传，更多地赚取眼球。从出版社目前的儿童书出版实践来看：文学、故事、绘本类图书可以按照“红花”的思路来做，突出特色和创新；智力开发、科普百科类图书可以按照“绿叶”的思路来做，更多强调其实用性与内容丰富性。

编辑能力就是文化产品的策划和包装能力。在一本图书的生产过程中，编辑是核心力量，编辑力就是要能让书稿有非常好的呈现方式，让读者亲近纸张，从而亲近阅读。每本书都有它的气质，要找准这个气质，通过装帧设计的手段妥帖地表现出来。

3. 在图书的市场营销方面

图书策划的目标，是为了更大化的销售，从而实现经济效益和社会效益，不管哪家出版社本土策划还是引进的外版图书都是比较优秀、上乘的产品，但销售的状况如何，则不仅与产品有关，而且还与市场宣传推广有密切关系，好酒还怕巷子深，就是这个道理。对于出版社来说，销售量高的，总是金字塔的塔尖产品，少而优秀，取得良好效益的，所谓挣到大钱的永远是少数重点宣传销售的产品，即塔尖产品，像巴亚出版集团的 YOUPI 小百科等。

国外出版社市场营销推广十分成熟，我国目前图书市场化程度还不够高，重视程度还不够，宣传推广的人员和资金投入力度不够大，目前我们的图书的销售状况就是两类：一是两万册以上的品种；另一种就是六七千册以内的产品，后一类图书占据出版社全品种的百分之八九十。出版社还是靠广种薄收、靠大规模取得市场效益的，单品种畅销书的数量还很少。根据国外的成功做法，出版社应在少量优秀图书产品上下功夫，做好市场宣传推广，实现销售量的最大化，进而打造出版社的童书品牌。

我们认为，即使一年中不能出版畅销图书，但起码把图书的单本销量提高，通过有效的宣传推广，使销量过万册图书多一些，整个效益也能上一个台阶。借鉴国外的做法，根据我们的国情，把我们的做法和思路再扎实、切实一些，策划和宣传再到位、深远一些，整体图书质量上台阶，再多一些销售过万的单本或套系图书。把每本书的细节做充分、做到位，封面、版式、宣传文案、广告、活动等更多体现出特色，更多表达出读者想要的。这样做下去，即使没有最顶尖的产品，那么我们的整体图书质量和市场份额也会有大的提升，也会以我们的高质量图书而在市场上占有一席之地。